手绘中国
Painting CHINA

# 字绘香港

zì huì xiāng gǎng

沈娟 徐郑冰／著

长江出版传媒 | 湖北美术出版社

字绘中国
Zì Huì Zhōng Guó
在自己的城市旅行

3D AR VR 1.0

关注字绘中国公众号

[1] 手机应用商店搜索“字绘香港”

[2] 手机扫描二维码

[3] 点击“允许”访问相机

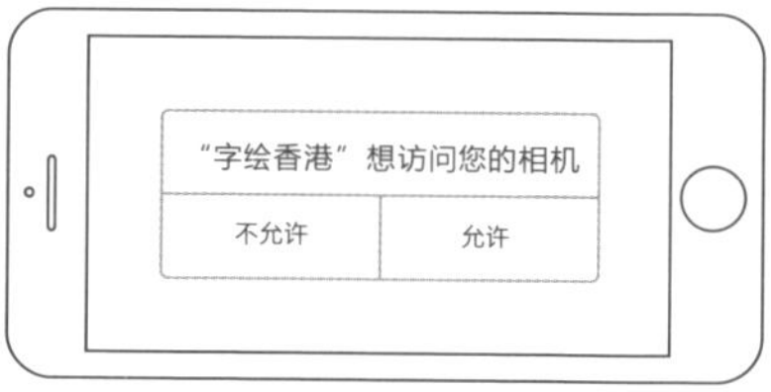


[4] 摄像头对准字绘香港图案

翻开书，找到 [麦克风] [相机] 图标，
打开手机刚下载的APP，根据APP提示将摄像头对准这一页的字绘图案。
接下来，你看到了什么？

# 字绘香港

zì huì xiāng gǎng

手绘中国
Painting CHINA

沈娟 徐郑冰／著

长江出版传媒 | 湖北美术出版社

# 前言

“字绘香港”这个项目实在太有意义！

我常言道交流是一面镜子，这次两地学生展览正好体现这个说法。

内地的许多的学生也许还未来过香港，是从媒体上、数据上甚至朋友或长辈的忆述而作出对香港的印象描写，甚至乎是近乎一种憧憬，而香港学生的创意出发点都是来自身边的事物，主观的体验，无论在题材上或表现手法上，都与内地学生大相径庭。

内地学生可以从香港学生作品中看到某种程度上的香港现实，对比传闻中的香港，在将来实地来香港时可以印证一下，观察角度更多元化，激发创作方法。

香港学生可以从内地学生的作品中，看到别人怎样看香港，香港有什么特色，有什么价值，有时身在其中，反而看不清楚，可以重新检视自己在香港的发展方向。

刘小康

香港设计总会 秘书长

# 目录

## 我们生活里的香港 /87

站在香港街头
充满了欢喜和好奇
那个在银幕上、歌声里的香港
是月儿弯弯
我们用回忆勾勒出的地图

# 我们记忆里的香港

# 重庆大厦 Chungking Mansions

“我和她最接近的时候，我们之间的距离只有 0.01 公分，我对她一无所知，六个钟头之后，她喜欢了另一个男人。”

在位于尖沙咀核心地段的重庆大厦，人和人的距离很容易就能接近到 0.01 公分。在这座20世纪60年代建成的高层大厦里，生活着来自120多个国家的餐厅工人、商人、游客，充塞着无数廉价宾馆、商店、食肆、外汇兑换店以及其他商肆，仿佛只有天空不那么拥挤。这里是冒险者的奇幻游乐场，是钢铁与水泥铸成的都市丛林，空气中混杂着的浓郁的咖喱味和特殊的香水味，洋溢着诡妙的异国风情。

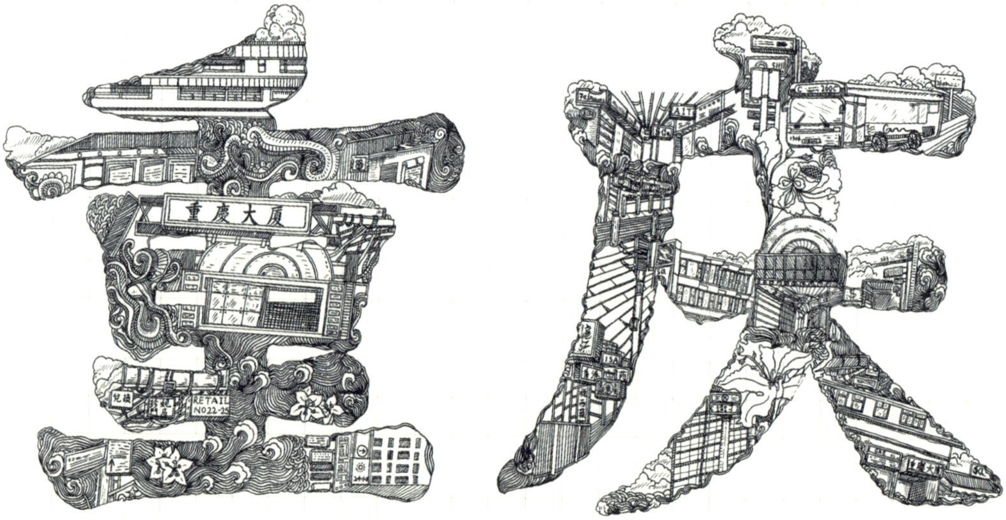

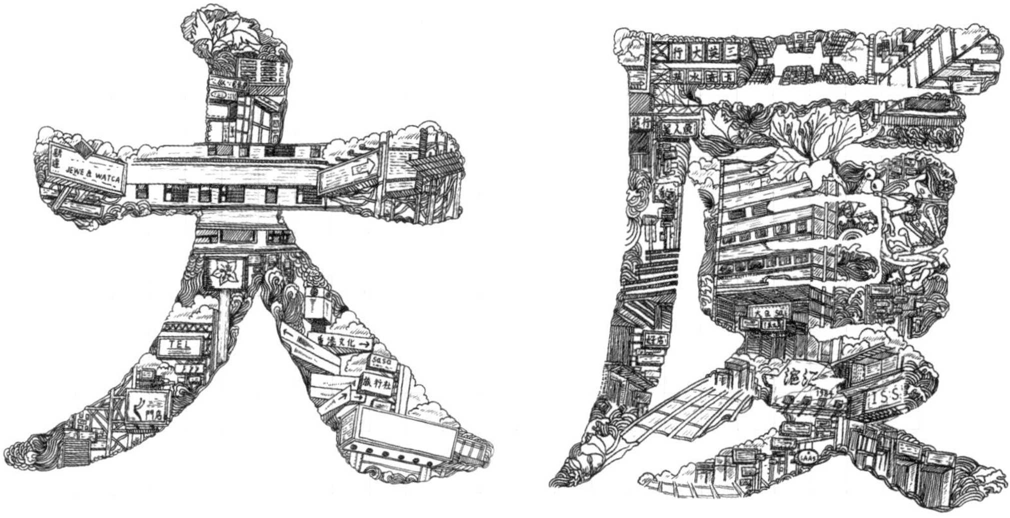
大厦

重慶大厦
兌換
珍妮
門店
RETAIL
NO22-25
24小时

AIT
260C
ISA
香港
重慶大廈
sa

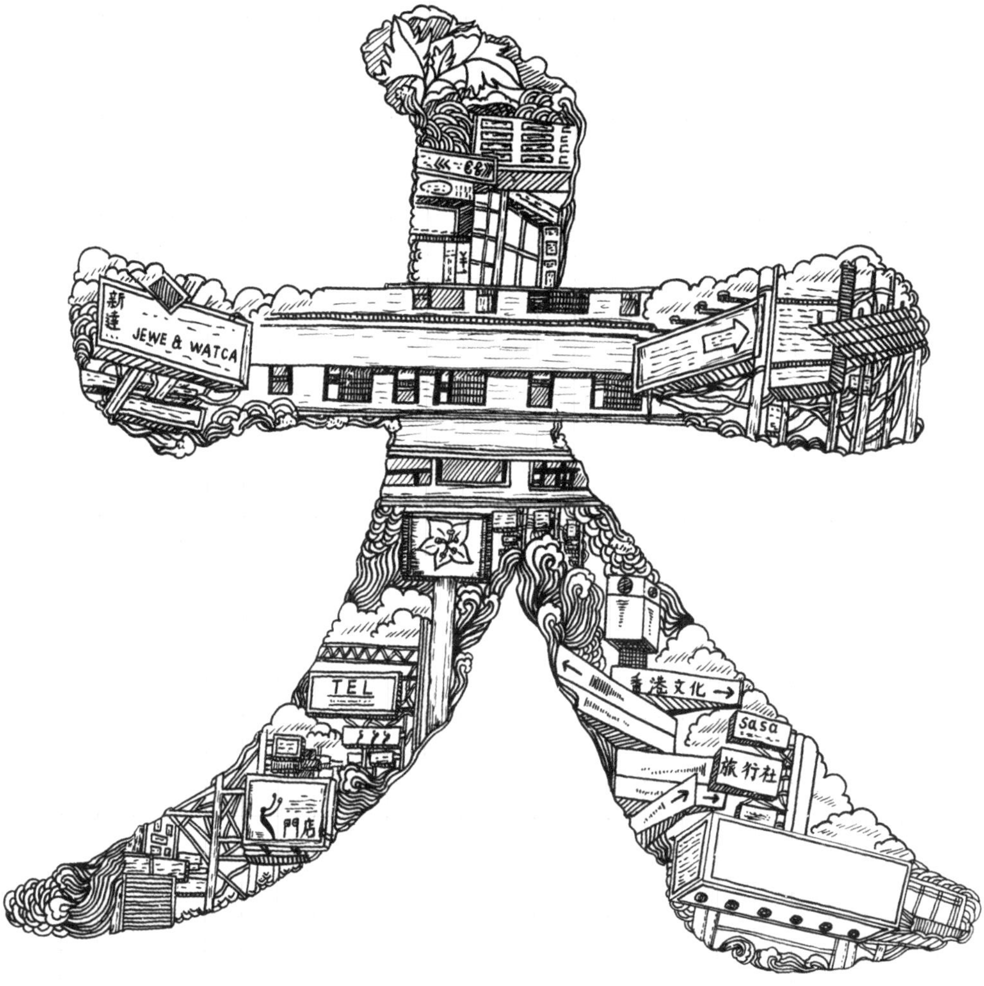
新達
JEWE & WATCA
TEL
門店
香港文化
sasa
旅行社

三英大行
美人魚
1984
ISS
LAAS

# 油麻地

## Yau Ma Tei

“你有权不说话，但是你所说的每句话都会成为呈堂证供！”

少年时的我，以为警察叔叔就是歌曲里负责收我们捡到的一分钱的那个人；后来，香港电视剧告诉我，警察叔叔也是抓坏蛋的。你可以不说话，但我已经知道你干过的坏事了。警察的形象就这样英明神武起来。

每年都有不计其数的游客，来到这处港剧圣地——油麻地警署前，“装模作样”地说上这句“经典”的台词。这幢颜值颇高的爱德华式的建筑，是许多八零后九零后记忆当中，关于善良与丑恶的最初印象。

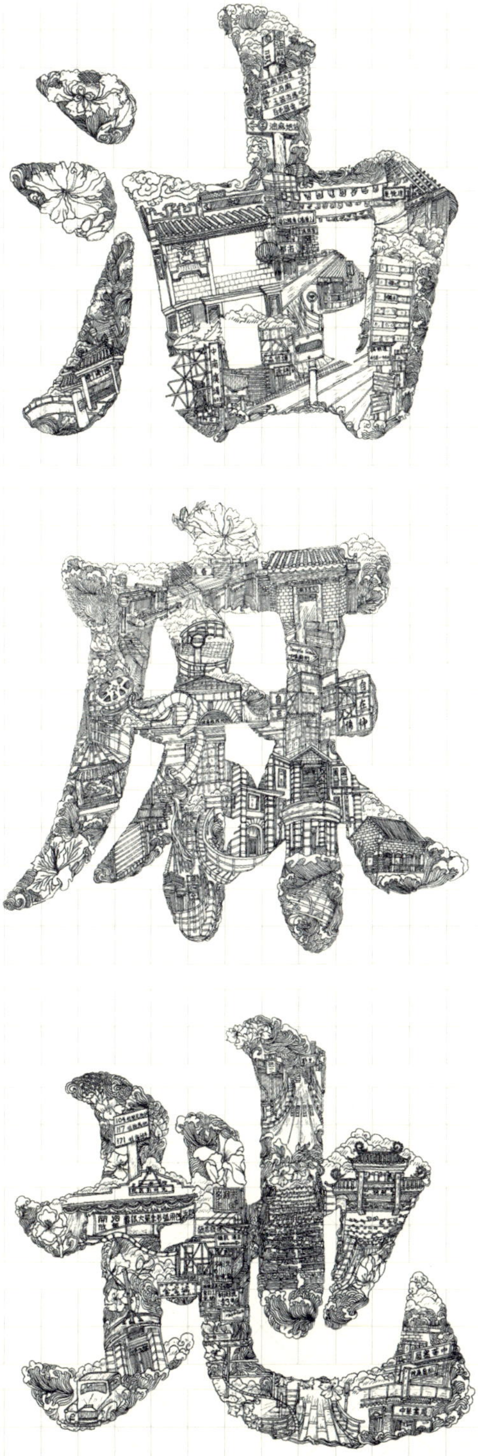

天水圍
Tin Shui Wai
天水圍站

# 天水围

## Tin Shui Wai

“围住了的血汗，围住了的跌宕，围住了当初的厚望……”

在中环的浮华光影之外，香港亦有天水围这样平民生活的所在，钱锺书先生的《围城》何尝不像这里。这里是香港，但又与人们心目当中那个国际大都市太不一样。这是一座被围住的城市，是水火不侵的避风港，是香港的另一个维度。而当清早赶去上班的上班族们，堵在拥挤的天水围时，何尝不想逃离呢。

# 石澳

## Shek O

“我养你啊！”

在北纬 22.2 度的阳光照射下，尹天仇对柳飘飘大声喊道：“我养你啊！”那地方干净美丽得不像我们惯常理解的香港。人们总是说石澳是个容易恋爱的地方，这里有不限量的阳光，彩色的房子，浪漫的情人桥，干净的海滩，是浮华都市里，留给爱情的一处小清新。如果将《喜剧之王》当作言情片来看，石澳就是它最美好的注解。

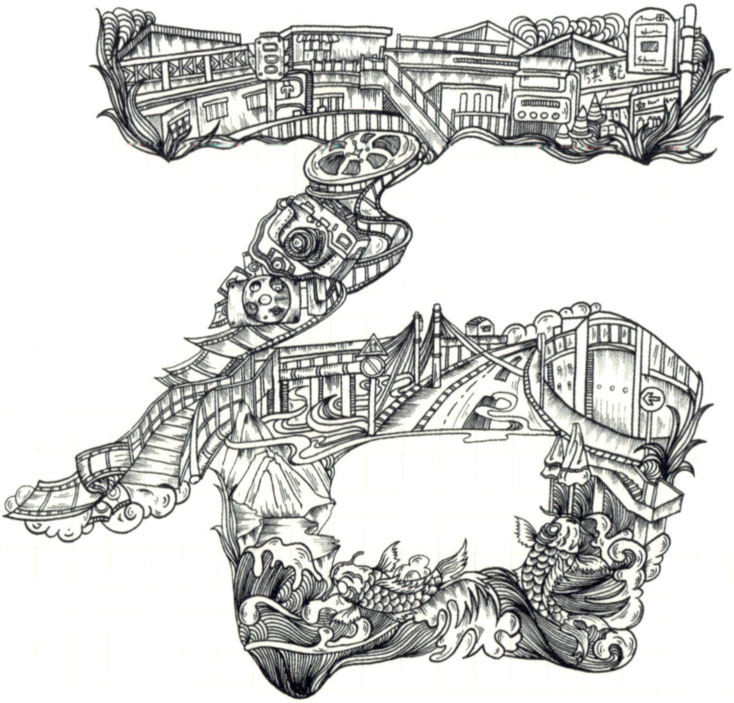

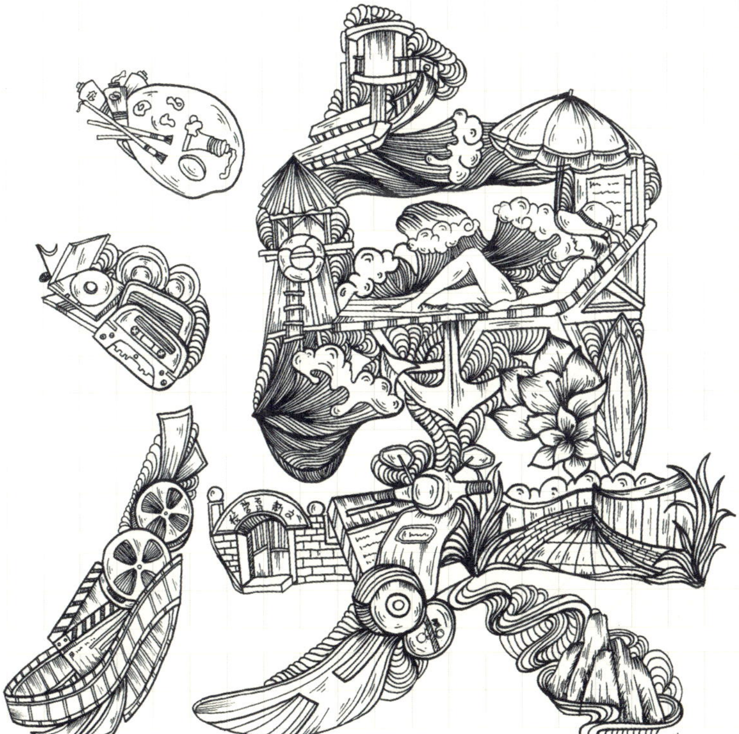

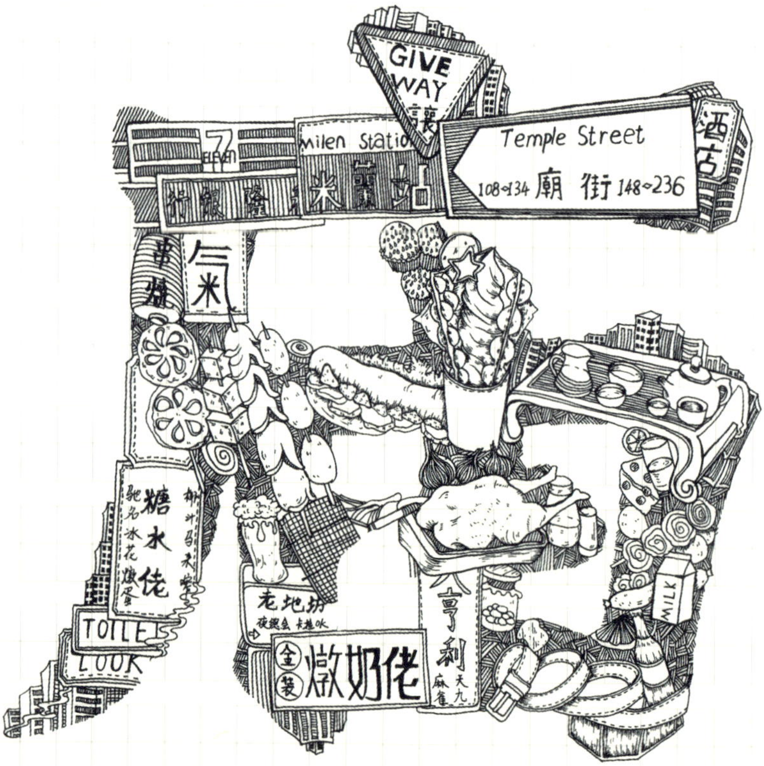
GIVE WAY
Temple Street
108~134 廟 街 148~236
milen Statio
米蘭站
酒店
糖水佬
燉奶佬
TOILE
MILK

# 庙街

## Temple Street

“喂喂，香港庙街风光好，老友哗全世界得呢一处。啲街坊全球游客，个个都称赞认真正。”这里是《食神》里火鸡姐谋生的地方，从天后庙一路走来，排档摊贩，人潮汹涌，三教九流，有着足够的热闹、市井，都市里的小草根在这里休憩身心，全世界的游客旅人来这里淘宝寻奇，各安其所，其乐融融。

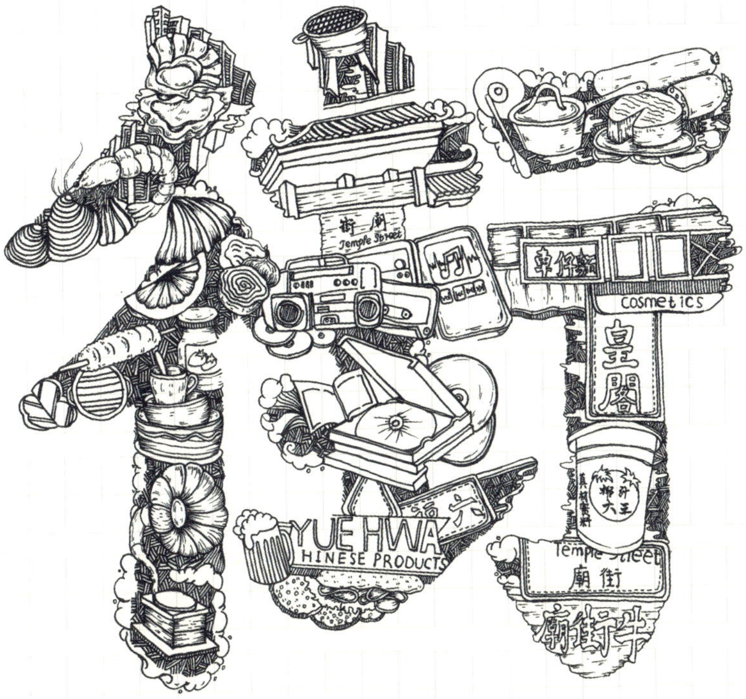

# 中环

## Central

“在最挤塞的市区，人海之中无数散聚，任你为了它追随，仍停滞到中区。”
自三万尺高空往下探看光火闪耀之处，中环也许是唯一能得到的香港印象。
华丽的摩天大楼、新旧交错的霓虹灯招牌，她是最繁华的高岭之花。

穿上最合身的西装，或者最靓的高跟鞋，去中环上班，打着电话，一分钟运作几千万上下，是香港少年们心中闪着光的梦想。

当奋斗多年以后，终于站在某幢写字楼的高层，俯瞰众生，难免会在恍然间有一种“我是世界之王”的幻觉。

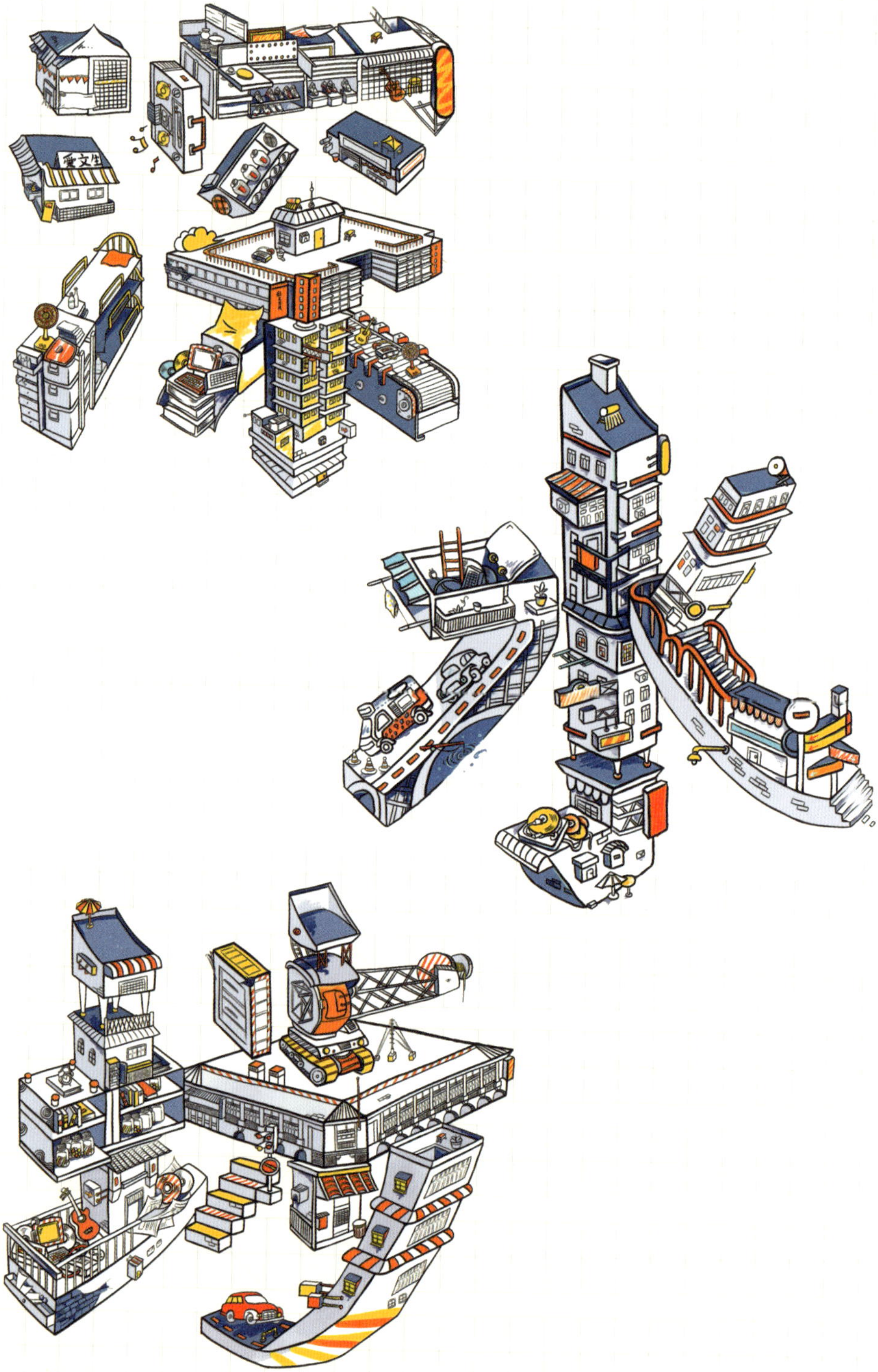

# 深水埗

## Sham Shui Po

“高音甜，中音准，低音劲。总之，就是一句话，通透。”

游走在深水埗街头，总给人一种时空交错的感觉。鸭寮街，最新的 HIFI 与老式黑胶唱片，毫不违和地铺陈共生，两旁楼栋里，传统手艺与时尚文青小店错落交融。

桃姐们缅怀着旧生活，新来者一边眷恋往日的美好，一边于不经意间将斑驳的墙皮剥落，画上新潮的涂鸦。深水埗，处处泛着异质而调和的味道。

# 太平山

## Victoria Peak

“这山顶何其矜贵，怎可给停留一世。”

香港无论男女老幼，喜欢听，也喜欢讲白手起家的财富故事，这些财富故事的结尾，莫过于在寸土寸金的太平山上，买下一幢可以尽览香港的别墅。半山别墅，是香港人对房子的终极梦想。

虽然此地的许多豪宅号称“绝对”不对外出售，似乎令这里的房屋，失去了流动性。但在激烈如战场的香港商场，几个十年下来，又有几个人能够始终站在山巅，笑看秋月春风呢。

大约，只有太平山本身，是永远太太平平地立在那儿的。

太平山

# 金紫荆广场

## Golden Bauhinia Square

“人人为我，我为人人。”

站在金紫荆广场前，让始终胸怀中国心的香港人很难不心潮澎湃。“中国籍男子”是香港电影、电视剧里经常出现的一个词。其中的潜台词，或明或暗地含着侮辱的意味，人是中国人，却被高鼻深目的异邦人，蒙着眼，拿着天平与剑，号称公正地“统治”。

在这南风吹拂的地方，一株株紫荆骄傲地生长，终于等到了自己的春天。

金紫荆
广场

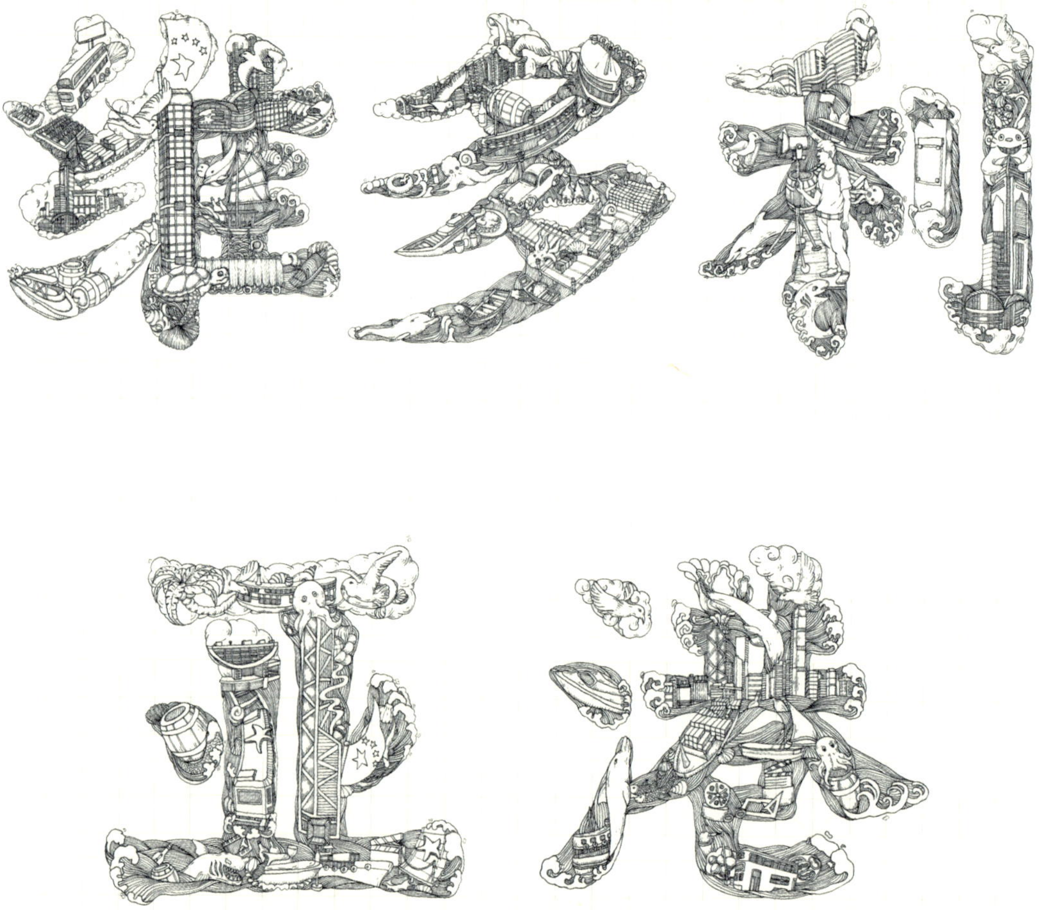
维多利
亚港

# 维多利亚港

## Victoria Harbour

“你是避风港等待着过客靠岸，在你怀里停歇的人不怕巨浪，让漂流的心得到一点温暖，Oh my love, my Victoria。”

香港因香料和港口而得名，如今香料与香港的关系，多半已随历史的风烟消散，只有这座港阔水深的维多利亚港，依旧璀璨耀眼地点缀在远东南国。港口是香港繁荣的起点和落脚点，香港的一切悲欢离合，似乎都是以这座港口为圆心而展开，灯光闪耀的维港夜景，也是浮华香港令人印象最为深刻的轮廓。

# 天星码头

## Star Ferry Pier

“难道会回到星街，纪念沿路铺展都变名胜，原来悼念竟倚赖眼睛，码头难让我渡过彼岸旅程。”

身边无风景，而很多香港人习以为常的东西，对于游人来说，却别有一番情致。比如叮叮车，比如西九龙警署，再比如天星码头和小轮。在天星小轮上看海，在码头上看艺人的表演，也是一种动静皆宜的原色香港。

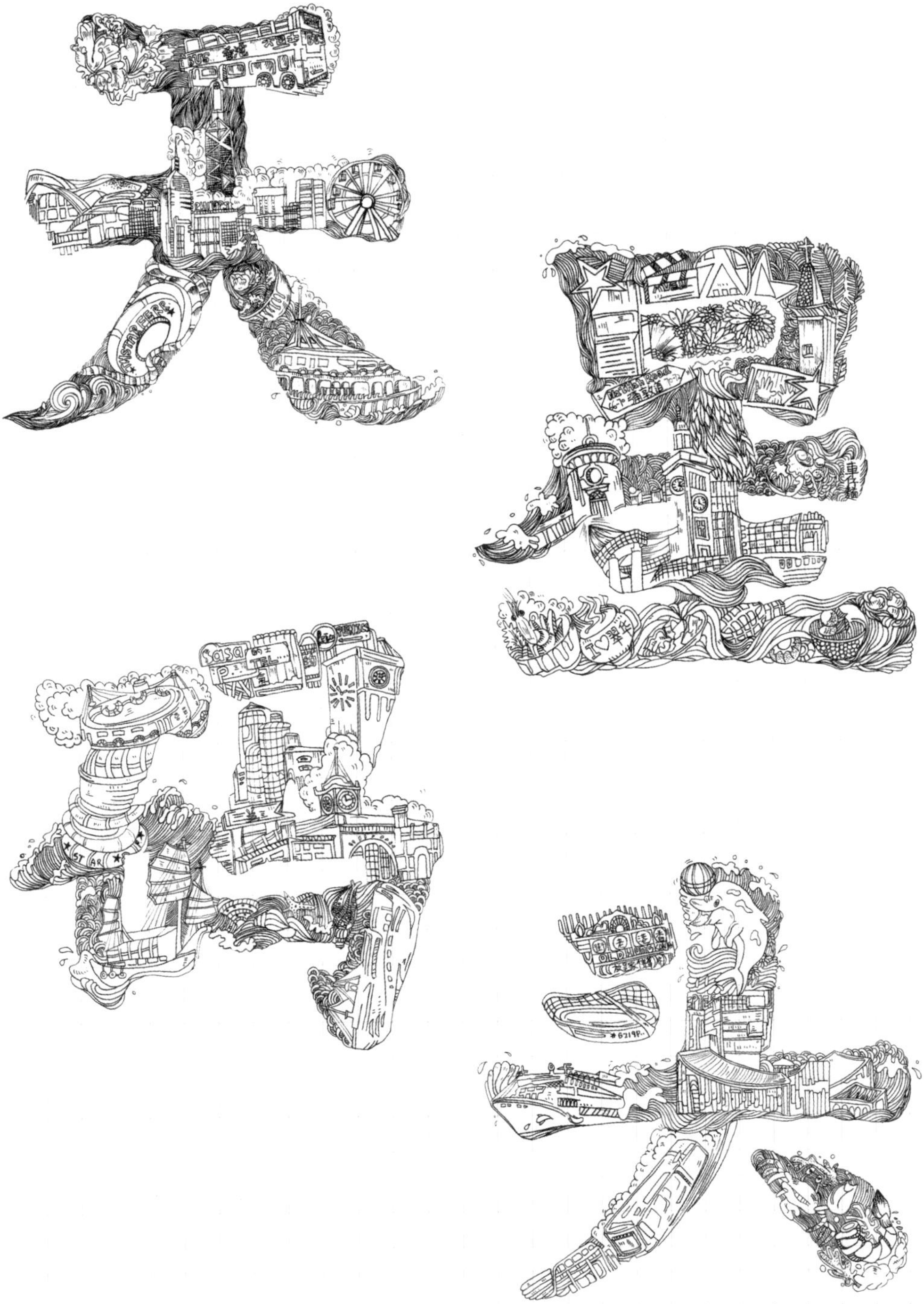
天星码头

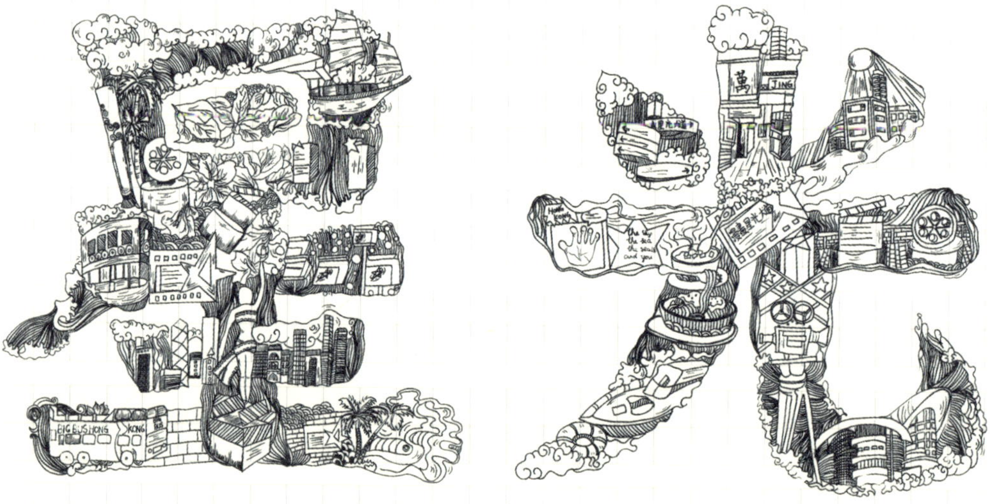
萬
JING
BIG BUS HONG
KONG
Hong Kong
the sky
the sea
the world
and you

# 星光大道

## The Avenue of Stars

“告诉你们，我们中国人，不是东亚病夫！”

电影是光与影的艺术，用一格格的画面，演绎奇诡的幻想。电影人和他们塑造的角色，在我们的脑海里是动态的，就仿佛我们的人生当中，真的存在过那么一个人似的。一脚踢碎东亚病夫牌匾的李小龙，打一拳还要揉揉手、吹吹气的Jacky Chan，拿着一副扑克牌玩耍的高进，一本正经癫狂的周星星……走在这条星光大道上，脑海中竟不断闪现出一个个似真似幻的人物来。

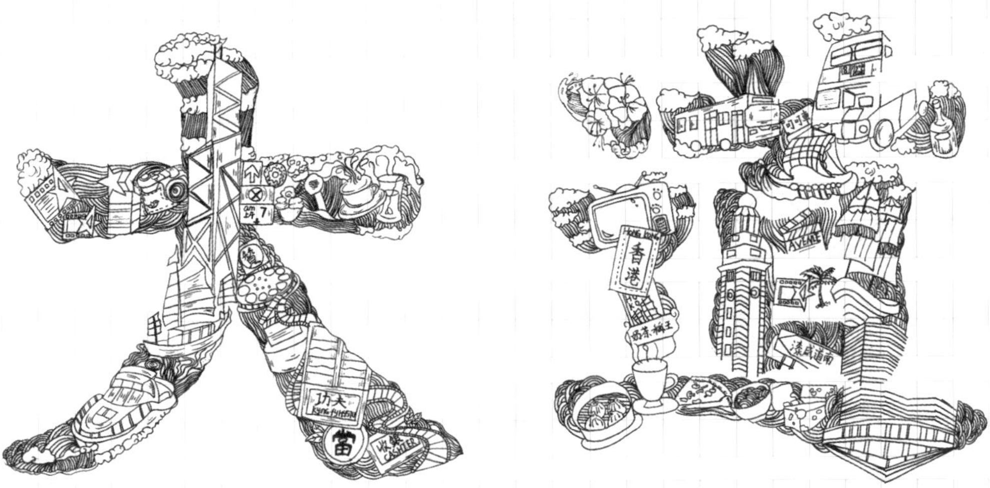

# 铜锣湾

# Causeway Bay

“今晚想去边，铜锣湾集合一班仔去边，松开衣领扮细路唱 K 放松一点，永远未成年。”

去香港旅行，吃、玩、购物是不可或缺的必选项，而铜锣湾，足以满足绝大部分游客，以及香港本地一大群潮流人士的需求。香港最高端、最好吃的餐厅，最新奇、最有趣的娱乐设施，最高端、最齐全的商场，多半都聚集在这条昔日维多利亚湾铜锣一般的海岸线，如今已是世界闻名的商业长街上。

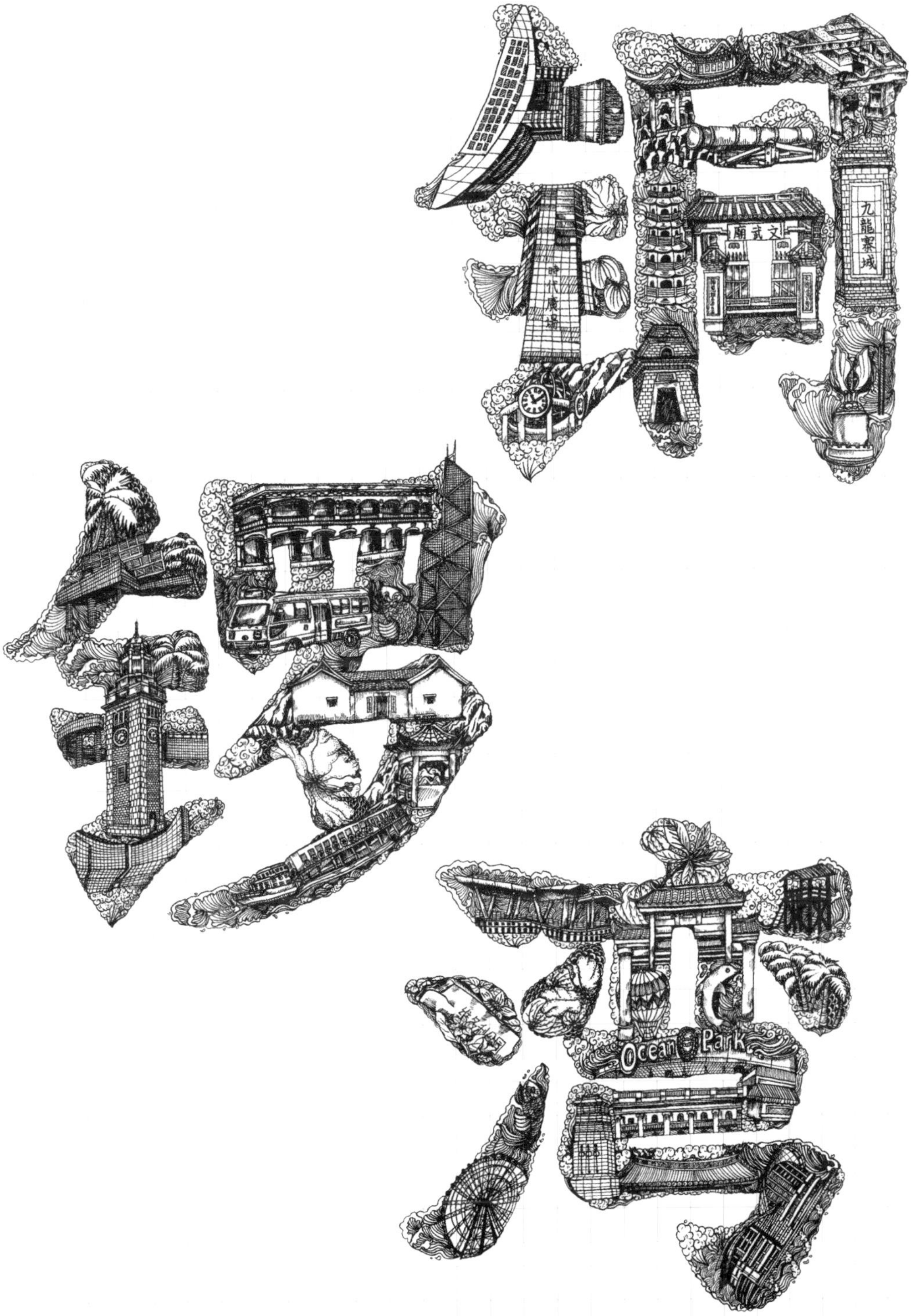
铜锣湾
時代廣場
文武廟
九龍寨城
Ocean Park

# 兰桂坊

# Lan Kwai Fong

“做要做到最好，玩要玩到最尽。”

香港人一切都想做到极致，乃至过火，夜生活也是如此。

Happy hour，夜蒲，兰桂坊，是香港娱乐的一抹妖艳异色，白天在写字楼里挥斥方遒的白领精英们，来自世界上各个角落的男男女女，脱下西装 OL 装，与认识的、不认识的，调笑无忌，在酒精和音乐的刺激与催动下，尽情释放着压抑不住的荷尔蒙，一两点，三四点，对于他们来说，夜晚的生活才刚刚开始。这是下了班的香港。

1997
COGO
中
伍萬
自制魚蛋
翠華
Lankwai Fong
蘭桂坊
WINE
Jazz
Lan kuai Fong
蘭桂坊
HEF

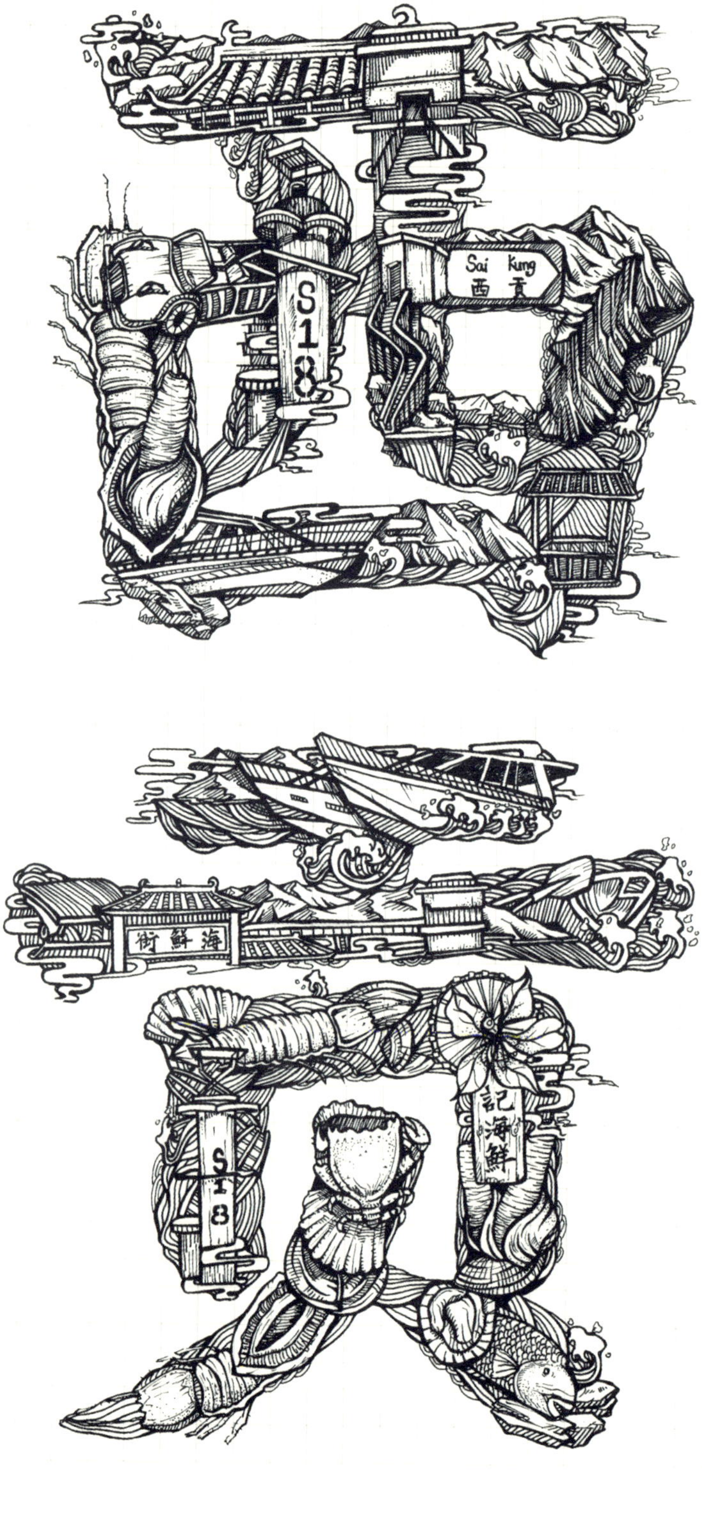
Sai Kung
西貢
S18
海鮮街
S18
記海鮮

# 西贡

## Sai Kung

“响西贡烧烤玩吓海鲜好盏，租番舢板一钓几斤沙䱽。”

香港靠海，而最典型的海滨风光，却在并不起眼的西贡，这里有南中国最美的海滩，四季常绿的群山，富有欧陆风情的建筑，世代生活于此的“老香港人”，以及香港最大的海鲜市场。市区里辛勤工作了一整个礼拜的香港人，常会驱车来到这里的海鲜大排档，大快朵颐一番。

# 喜帖街

## Wedding Card Street

“小餐枱沙发雪柜及两份红茶，温馨的光境不过借出到期拿回吗，终须会时辰到，别怕，请放下手里那锁匙，好吗？”

繁华城市落成的典礼，总会响起一曲旧城的挽歌。说是矫情的悲叹也好，说是记忆的定格也罢，毕竟人人都善于回忆。

《喜帖街》《老港正传》《桃姐》，为我们讲述的，都是这样的故事。新城是香港，旧城又何尝不是，城市太小了，请为每一条街写一首歌，拍一部电影，至少也拍些照片，把我们的记忆都留住。这是逐渐老去的我们，面对不断改变的城市，唯一拥有的权利。

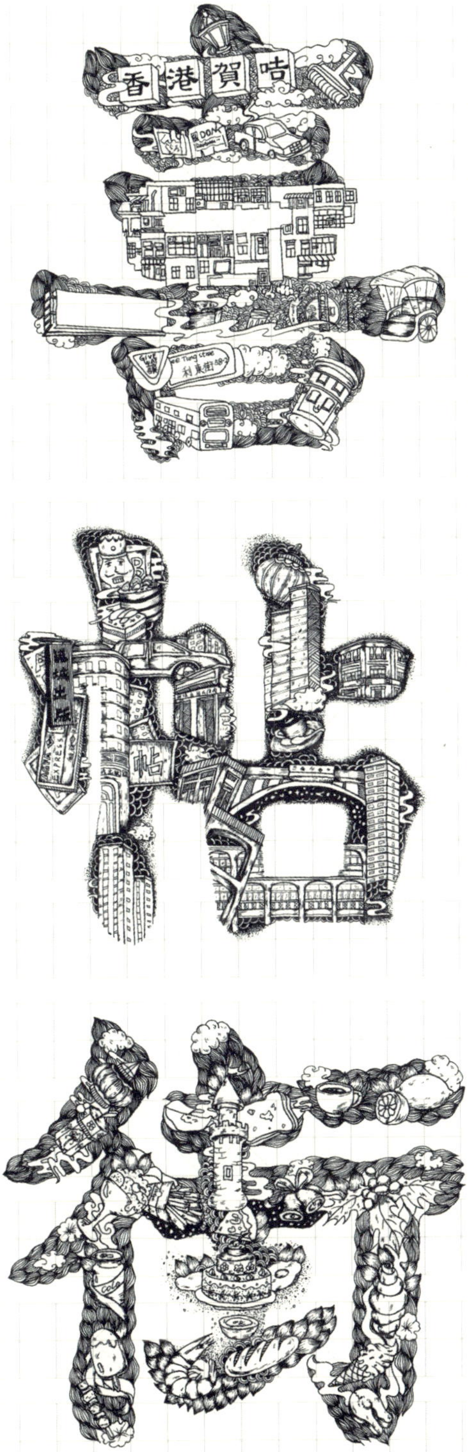
喜帖街
香港賀咭
利東街

# 皇后大道

# Queen's Road

“皇后大道西又皇后大道东，皇后大道东转皇后大道中……”

香港人十分愿意“自由”地翻译外国人赋予他们的英文地名。比如英国从来没有皇帝，只有几位女王，这条香港少见的长街，本来应该翻译为“女王大街”，却被香港人充满智慧地叫“皇后大道”。我总会胡乱猜想，这条街不是为了纪念英国女王，而是为哪位名叫叶赫那拉的女人所建。是缅怀，还是讽刺，香港这里真是不缺聪明人。

HKU
ME

狮子山
風雨亭

# 狮子山

# Lion Rock

“人生中，有欢喜，难免，亦常有泪。我哋大家，在狮子山下，相遇上，总算是欢笑多于唏嘘。”

当港人高唱《狮子山下》时，大概是他们最为骄傲自豪的时刻。

端坐于香港九龙塘及新界沙田大围之间的狮子山，是香港人的精神高地。在这座历史并不悠久的城市，百分之九十九以上的居民，上溯百年，都来自远方，出身草根。他们在原本蛮荒的小港口砥砺奋进、挣扎苦斗、逆境求强，终于打造出了一颗全球瞩目的东方之珠。

低头是生活与工作，抬头就是狮子山，狮子山与香港精神同在。

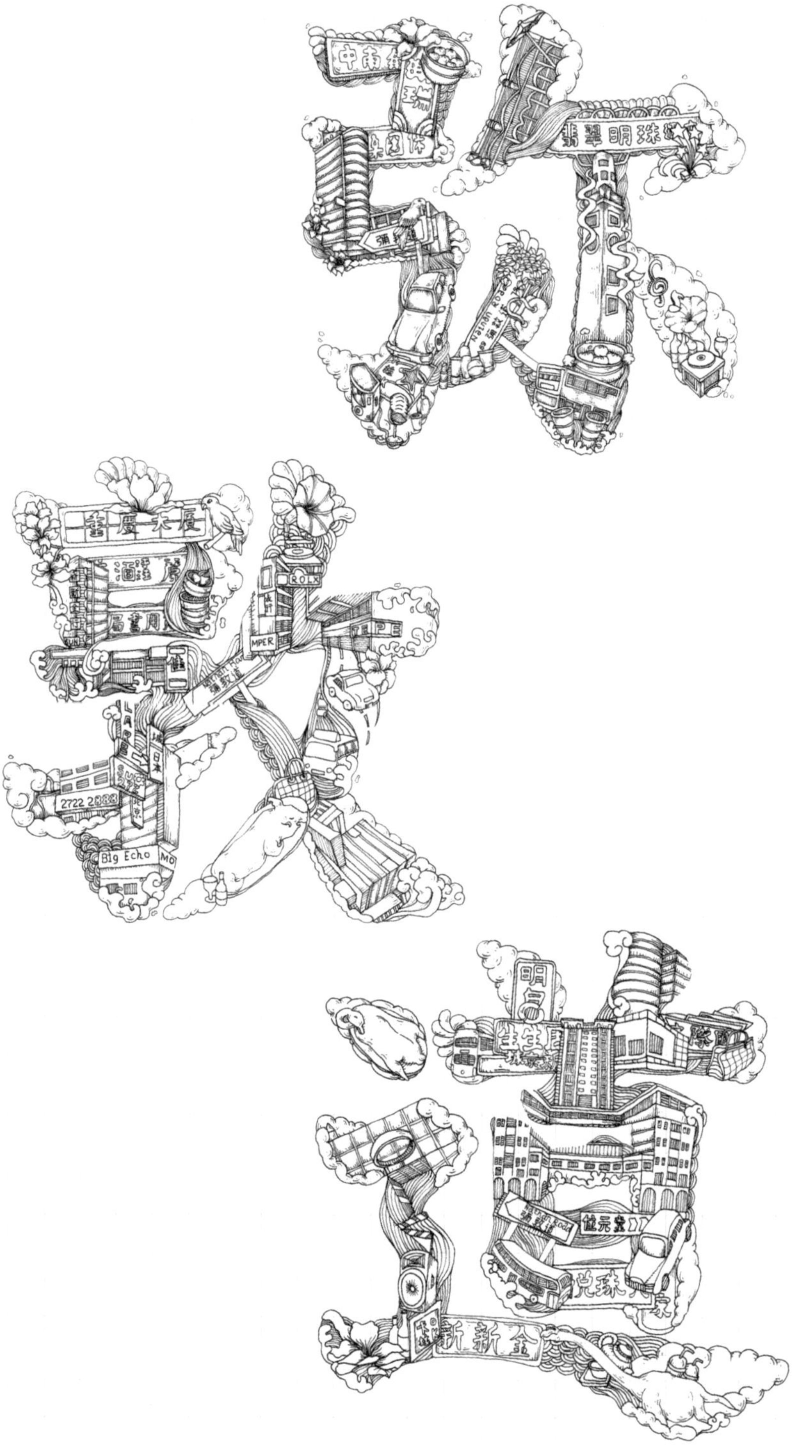
翡翠明珠
Nathan Road
ROLX
MPER
TEPE
2722 2888
Big Echo
明
新新金

# 弥敦道

## Nathan Road

“街边太多人与车，繁华闹市人醉夜，害怕下班等很久的车，排队兼带雨遮。”香港人走路很快，讲话也很快，曾有香港朋友笑着说自己上班的时候，上厕所都是跑着去的。一分钟几十万上下，是一句台词，也是很多香港人生活的写照。无论是早年的制造业，还是如今的金融和旅游，追求速度，讲究效率，仿佛刻在了香港人的基因密码里。这是一个和慢生活格格不入的城市，但很多香港人并不觉得快一点有什么问题，也练就了一身在繁华街头“唔！该！借！借！”自如穿行的本事。

# 天后站

## Tin Hau Station

“站在大丸前，细心看看我的路，再下个车站，到天后，当然最好。”

香港曾诞生过很多天后，她们也一度成为大陆男孩憧憬的对象，女生模仿的榜样。成为天后，是香港，更是整个华人地区许许多多女孩的梦想。普通的女孩，一朝成为众人瞩目的大明星，这是现代版的灰姑娘故事。背后有怎样的故事都可以暂时放在一边，高喊“有梦最美，想唱就唱”又何尝不可呢？过自己认为值得的人生，无悔即可。

天后
Paterson Street
百德新街 51-27
Paterson Street
百德新街 2-20
蓮花宮

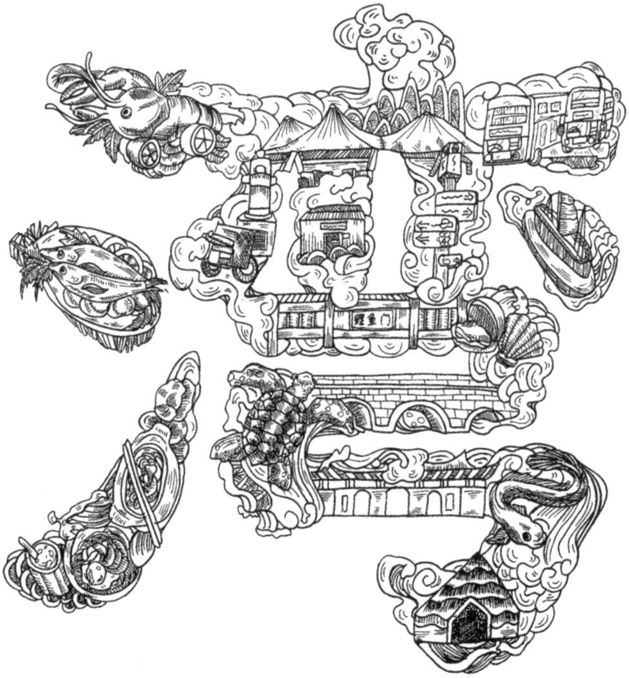

# 柴湾

# Chai Wan

“由荃湾直入柴湾终站，坐冷板，捱成晚，不休息的壮男。”

在成为金融中心之前，香港工业也曾一度繁盛。20 世纪 50 年代至 70 年代，香港积极发展制造业，纺织、成衣、电子等劳动密集型工业高速发展，并带动了工业多元化，奠定了香港成为亚洲四小龙的基础。上了年纪的香港人，大都经历过那一段勤奋辛苦，但充满希望的年代。就连彼时的内地人，也对当时香港产的商品，比如电子表、服装印象深刻。如今的香港，在柴湾依旧有许多工厂，但往昔的热闹景象终归不复存在了，不知道曾在那里挥洒过汗水的工人们，有没有闲暇去缅怀一下自己的青春。或许，是我们这样的年轻人，太矫情了。

# 尖沙咀

## Tsim Sha Tsui

“尖沙咀 Susie，点止咁简单，样貌与身材，Good fit 夹耀眼，想揾多个都几难。”

如果你从小就生活在大丸之类的百货公司旁边，在尖沙咀、铜锣湾、兰桂坊流连，你的恋爱观会变成怎样？是虚幻的有情饮水饱，还是现实的下一站“尖沙咀”？毒男嘲笑港女自恋、拜金、媚外，港女反笑这帮男人无能、低级。在争争吵吵中，香港生育率屡创新低，其实对他们来说，“最后变新娘（郎）”本来也只是众多“理想”中的一个，金龟婿、靓女、豪车豪宅，世间实在有太多“梦想”值得追寻。自己过得开心已属不易，男男女女们又何苦浪费时间，互相埋怨、互贴标签？

CLUB
SINOPEC
PINKROSE
TAXI
Dior

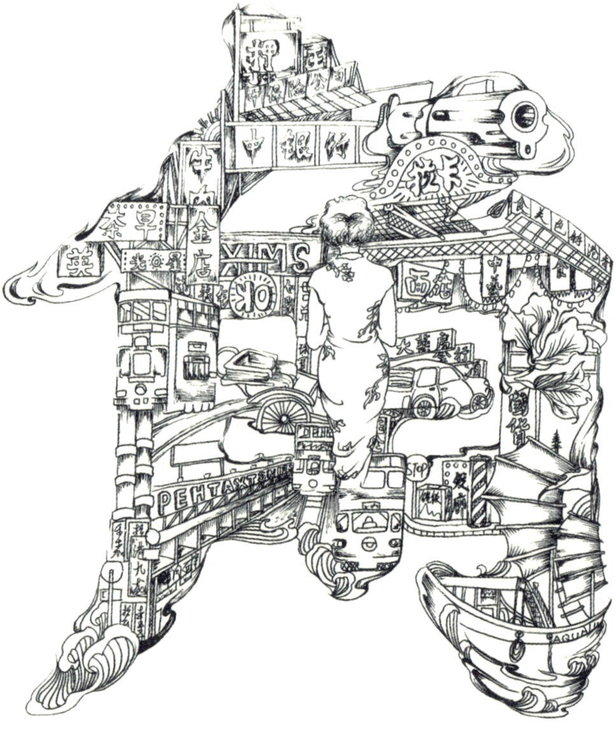

# 旺角

# Mong Kok

“我宁愿做一日英雄，都不想成世做条虫！”

旺角每平方千米的土地上，生活着 13 万人，被誉为全球人口最密集的地方。庙街、女人街、钵兰街……老式的大街小巷里，神龛店、麻将馆、算命摊档、戏曲表演，汇成香港最富市井风情的画面。也有无数的草根年轻人，怀揣着出人头地的梦想，从这里走向港岛中环，走向纽约、伦敦，缔造一个个白手起家的传奇。

旺角有卡门，也有阿飞，更有一个个如你我这样的普通人。大都市有什么可怕的，正是你我施展才华的舞台。

大屿山
羅漢泉
上山道

# 大屿山

## Lantau Island

“佛祖保佑！算命的说我是一将功成万骨枯！可我不相信，我认为出来混的，是生是死都由自己决定！”

大屿山是个很奇特的地方，自 20 世纪 70 年代以来，就供香港市民们周末踏青游玩。这里坐落着全球最高的青铜坐佛，不远处却安葬着著名海盗张保仔，这或许算是一种“放下屠刀，立地成佛”的微妙互文。近年，又有迪士尼乐园安家，孩子们的欢歌笑语与古寺里的清音梵唱互相唱和，别有一番味道。

# 红磡

## Hung Hom

“她来听我的演唱会，在十七岁的初恋第一次约会，男孩为了她彻夜排队，半年的积蓄买了门票一对。”

近四十年的华语流行歌手，究竟红与不红，必然要去红磡验一验成色。能够开一两场满座，在乐坛上也算红极一时。若是能连开十几场、几十场，场场爆满，那么媒体、歌迷少不了给你戴上一顶天王、天后的帽子。

早年，港台歌星来内地的不多，很多年轻的追星族，会将过关去红磡看自己偶像的演唱会，当作去香港的重要甚至是唯一目的。港九直通红磡，倒是方便了许多追星族。

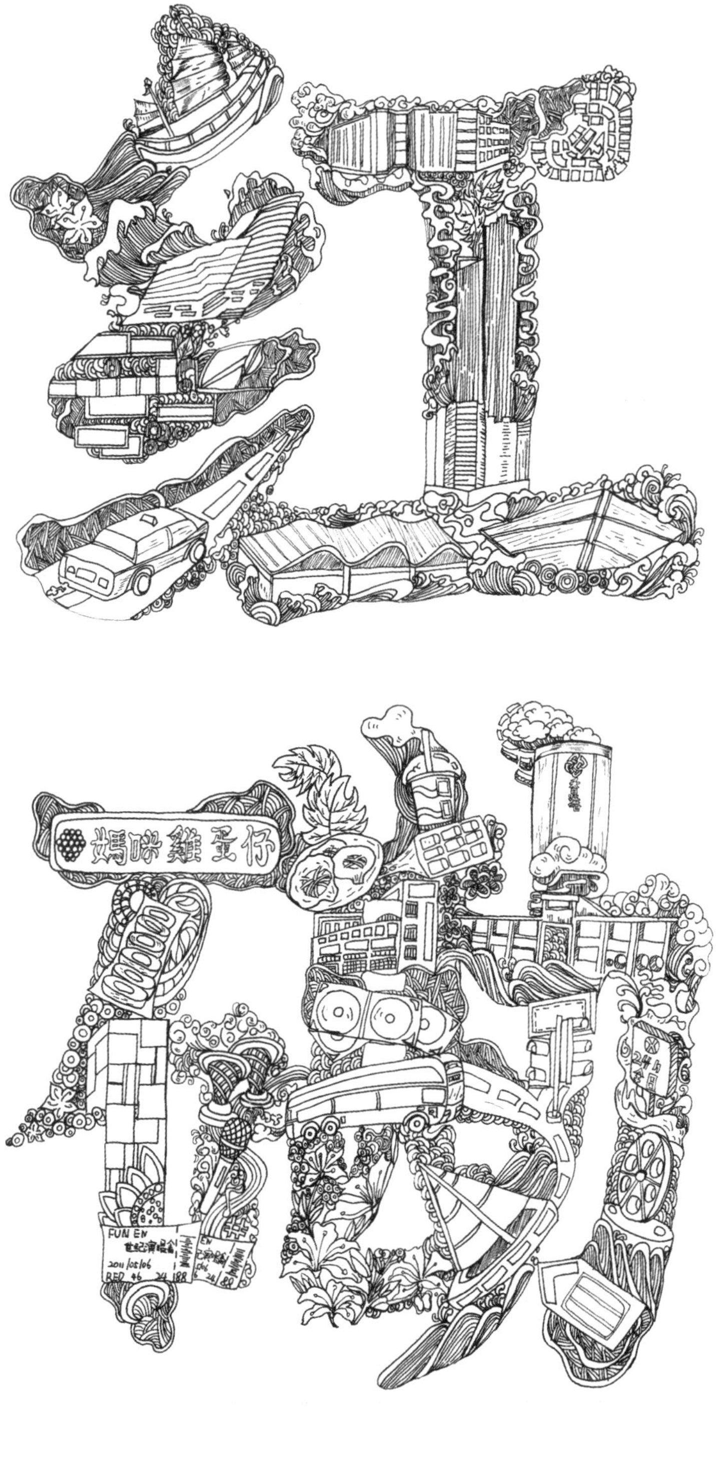
媽咪雞蛋仔
FUN EN
世紀演唱會
2011/05/06
RED 46 24 188

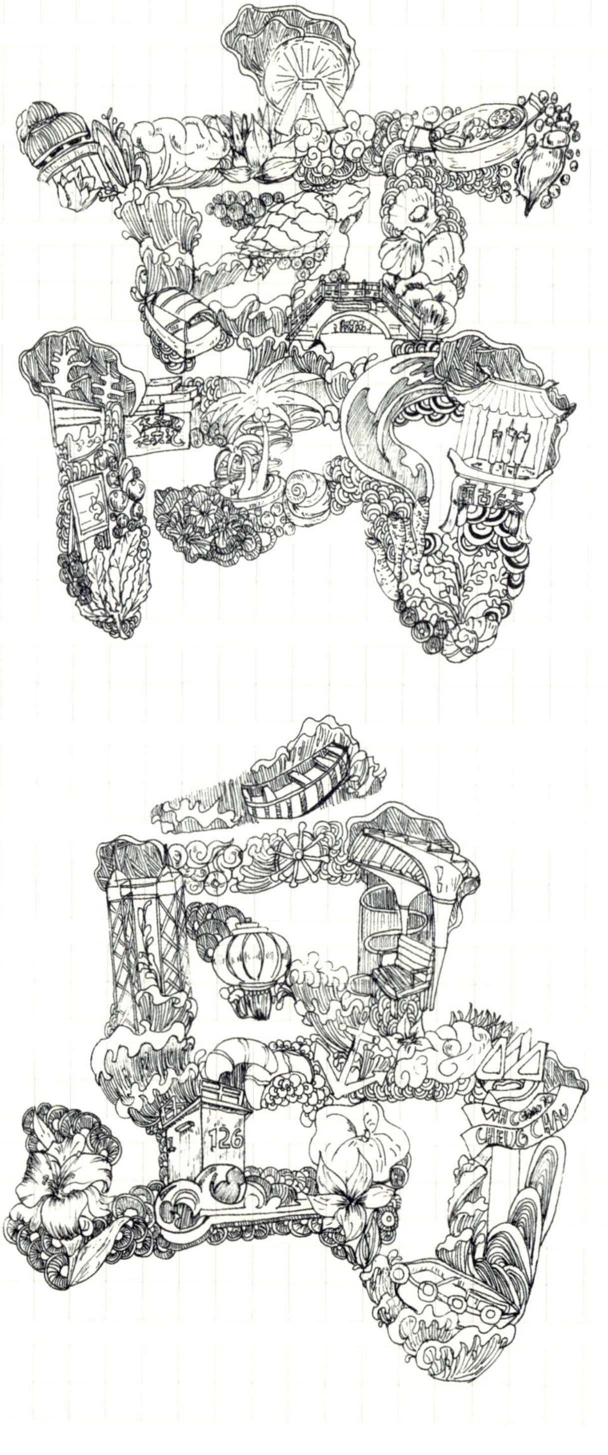
126

# 离岛

# Islands

“同聚海角也是份缘，何不以爱做渡船，同珍惜让这爱万世不断，风波过去小岛见乐天。”

在香港，除了我们所熟知的港岛、九龙、新界之外，还散落着若干大大小小的岛屿，香港人将它们称之为离岛。在香港电影、电视剧中，离岛有着另类的风情：阳光与青春（《一碌蔗》），荒凉与诡异（《猛鬼屠房》），温情与生活（《离岛特警》），真实与虚幻（《无间道》）。香港人日常生活中或缺的情感与体验，投射到了这些小岛上，共同构建出丰富而多元的香港风情。

# 四大天王

## Four Heavenly Kings

“我和你吻别……对你爱爱爱不完……今夜你会不会来……给我一杯忘情水……”
按照20世纪90年代初的说法，人民群众对于文化生活的需求日益提升，香港电视剧、电影，香港音乐，香港明星，就在这时，渐渐走入了大众的生活。彼时，上至三四十岁的工人农民，下至七八岁、十来岁的学生，罕有不知道四大天王的，哪怕不知道具体的名字，至少也能哼哼几句不成调的名曲。比如上面引用的四句，你能不能跟着唱出来呢？

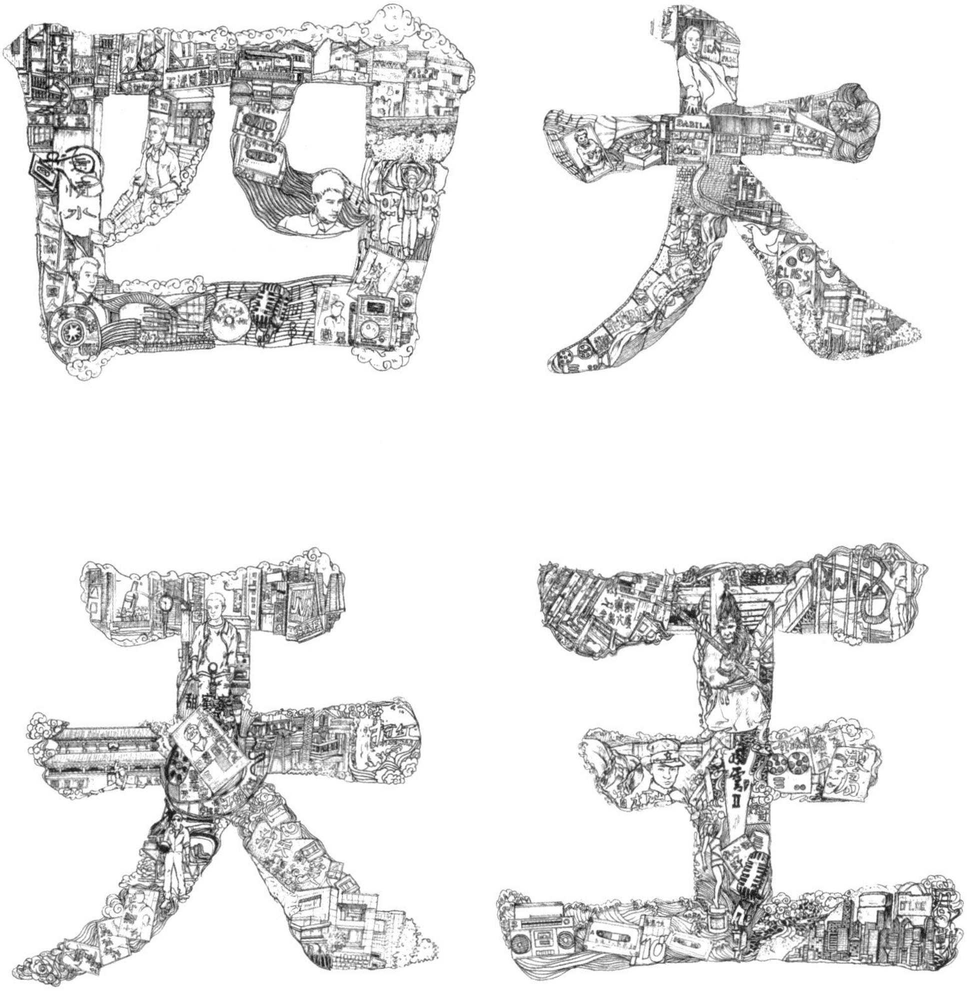
四大天王

无厘头

# 无厘头

## Mo lei tau

“其实，我是一个演员。”

原来，喜剧还可以是这样的——这是绝大部分内地观众看到以周星驰为代表的无厘头喜剧的第一反应。“学者们”将之与各种“主义”攀扯到一起，妄图将它供奉在庙堂之上。但回应他们的只有周星驰尴尬的笑容。有人说，幽默就幽默，什么叫“搞笑”，简直就是低级趣味，笑是能“搞”出来的吗？无厘头喜剧就真的把笑“搞”了出来。出身草根的小人物，面对光怪陆离的现实社会，除了用搞笑来吸引别人的注目以外，哪里会有聚光灯注意到自己呢？

# 港姐

## Miss HK

“要够得体高贵自信，要有口齿气质面容。”

翻看历年香港小姐冠军的照片，大致可以窥见香港人心目中理想女性的形象变迁。哪怕最近几年，港姐成为反向指标，但好歹也是一种另类“标准”，很好地区隔了两种人的审美——大众的、评委的。那些或家资豪阔，或在娱乐圈呼风唤雨的评委们，也许就喜欢这种“另类”指标，网友们实在有些“自作多情”，毕竟，港姐们讨好的受众群体，从一开始就不是普罗大众。

阿Sam
歌神

# 歌神

## God of Songs

“我唱得不够动人，你别皱眉，我愿意和你，约定至死。”

大家比较认可的香港歌神，大约传承了三代。第一代许冠杰，一扫20世纪70年代香港乐坛齐齐翻唱欧美日本歌曲的境况，将香港人的日常生活、所思所想融入流行歌曲当中，对香港流行乐坛的蓬勃发展，有奠基之功。第二代歌神张学友，应该是内地乐迷最为熟悉的，街头巷尾播放的他的歌曲，甚至让许多从来不听歌的人，都意识到了这个世界上，有一种叫作“唱功”的东西存在。第三代歌神陈奕迅，在香港乐坛的影响力日渐低迷的年代，却几乎能每年推出一两首值得传唱的金曲，让人始终不敢忽略香港乐坛的生命力。三位歌神，可以说，都十分名副其实。

# 香港电影

# Hong Kong Film

“皆尽过火，尽是癫狂。”

关于香港电影的研究，早已汗牛充栋，不可胜数了。我只想聊聊我们这一代人看香港电影的一点儿经历。曾经有个名叫录像厅的地方，在 20 世纪八九十年代，甚至到 21 世纪初，在内地曾风行一时。常是一间黑漆漆的屋子，几块钱一张票就可以进去消磨一个下午，甚至一个晚上。门口通常会有一块黑板，写着今天要放的片子的片名，以及主要演员的名字。经常看的人，彼时或许并不一定了解香港影坛的状况，但看多了，总会积累一些经验，比如周润发演的多半是枪战片，周星驰演的一定是笑死人不偿命的喜剧片。光看主演的名字，大约就能判断，是不是自己感兴趣的。大陆人最早对香港影星，乃至香港这座城市的印象，大约都产生于这些黑漆漆的屋子。

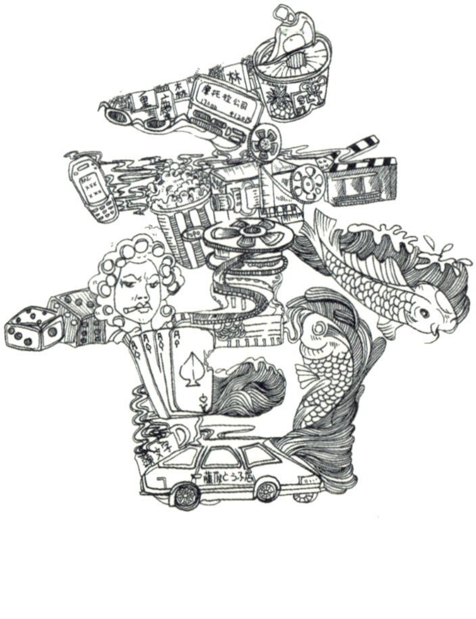

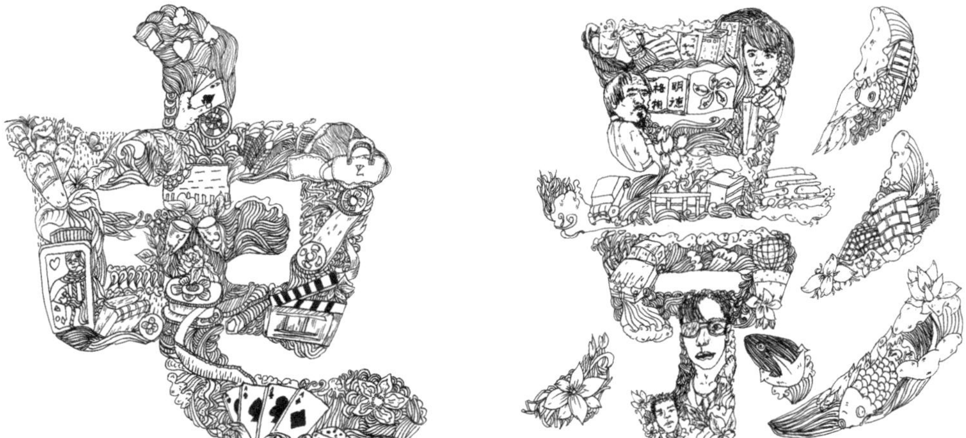
电影

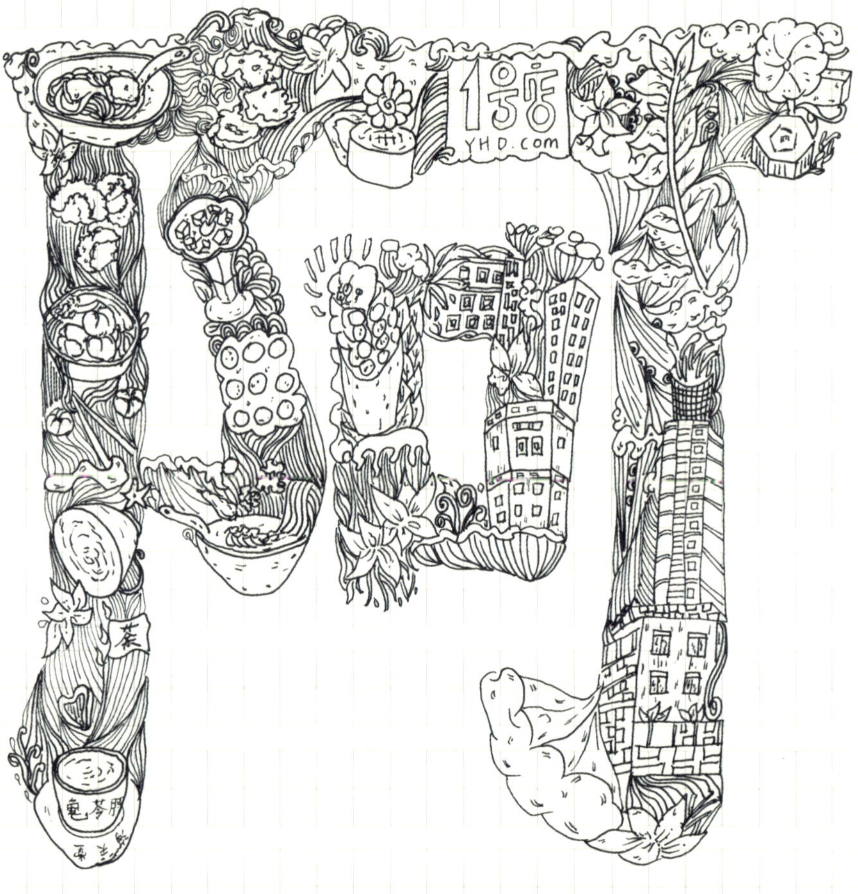
1号店
YHD.com
茶

# 阿

# A

“阿 Sir 啊，不关我的事啊！”

“阿”是一个香港人，乃至南方人都常用的词头。这个词头下，是我们熟悉的，平凡地生活在我们的周围，和我们一起创造着美好生活的朋友。香港人将“阿 X”们的故事搬上银幕，于是我们看到了阿旺、阿权、阿英、阿花，分享他们的快乐与忧愁。据说是法国人卢米埃尔创造了电影，是八一电影制片厂让我们认识了电影，是香港人，让我们在电影当中，看到了戴着“阿”这顶帽子的，我们自己。

# TVB

“饿不饿，我下碗面给你吃啊。”

关于香港文化，生长于近三十年的我们，记忆实在太过丰满，哪怕说是它填满了我们的年轻时代，也是不为过的。而 TVB，总能在香港文化对于我们的影响当中，占据最为重要的地位。

前几年，有幽默的网友将 TVB 剧中的经典台词总结了一遍，引得一众六七八九零后，陷入集体怀旧当中。刑侦剧、行业剧、武侠剧，总有若干部剧集、若干个角色在你我心中留下了难以磨灭的印象。即使是两个素不相识的中国人，相逢在这个世界任意一块土地上，用 TVB 剧来做话题，肯定可以毫无压力地对谈一个小时，还能意犹未尽。

欣赏水平日益提高的我们，再看如今的 TVB 剧，往往会觉得不够精致，但一旦那些老面孔、熟悉的台词再度出现，想来总少不了会心一笑，然后安静地沉浸在 TVB 构建的世界里。

TVB

东方不败
忠義鏢局

# 武侠

# Wuxia

“飞雪连天射白鹿，笑书神侠倚碧鸳。”

哪个少年没有仗剑走天涯的侠骨柔情，哪个少年没有期望过能够遇到隐世高人，传授自己一套如来神掌，将那一切奸邪涤荡。七零后心目中的英雄是大侠霍元甲，八零后心目中的英雄是乔峰、郭靖、令狐冲。

武侠起于民国时期的内地，却在港岛发展成熟。在壮怀激烈的时代里，偏居一角的岛屿上，却书写着大漠天山、江南水乡、历史与王城、故事与传说。许多少年都有躲在被子里打手电筒看武侠小说的经历，那种身处茫茫黑夜，眼前却是波澜壮阔的江湖的感觉，实在是一种特定年代的诗意与浪漫。

东方不败
酒
酒

忠義鏢局

# 港漫

## Hong Kong Comics

“我今日就要把你轰杀至渣！！！”

喜欢肌肉男吗？港漫里有很多。知道鱼丸粗面吗？谢谢，麦兜了解一下。喜欢老夫子吗？还是喜欢大番薯？

在日漫美漫充斥的童年时代，那些热爱漫画的少年心中，总有一小块地方，是留给港漫的。那是一种截然不同于日漫美漫的有趣作品。多元且混搭，传统又温情，很难准确定义港漫是怎样一种存在，就如同你很难定义香港这座千面都市一样。《中华英雄》《古惑仔》《麦兜》《龙虎门》，在书报亭买漫画，也成为香港当年大批学生仔零花钱的终极去向。如今，它们都还连载不断；如今的我们，是否还依然愿意拿起一本认真翻看呢？

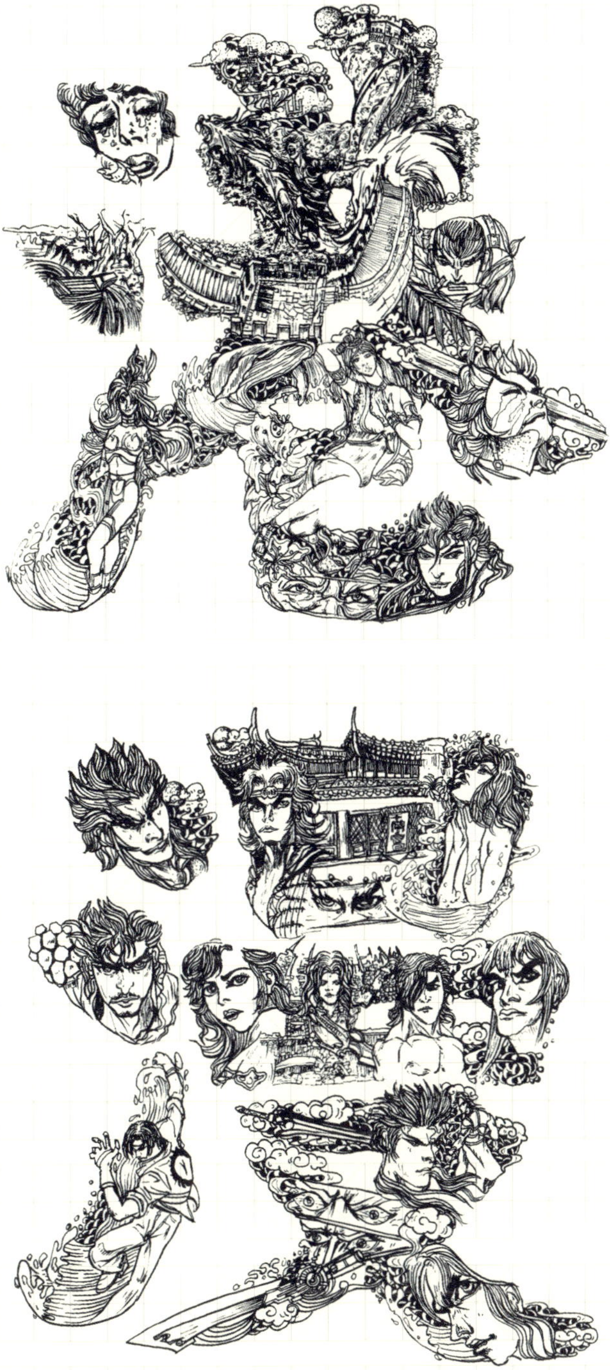

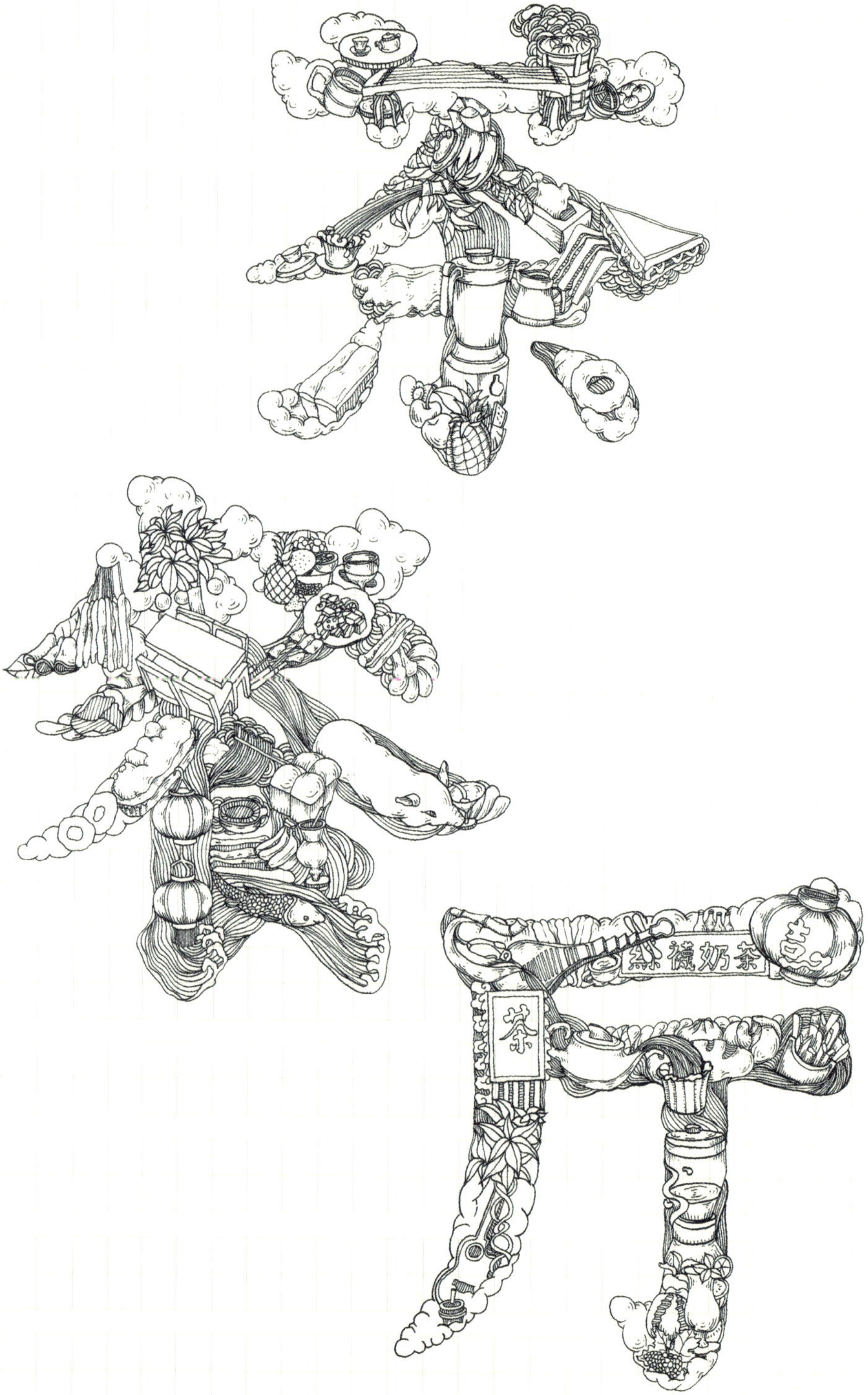
茶餐厅
絲襪奶茶
茶

# 茶餐厅

## Cha Chaan Teng

“沙嗲牛面转出前一丁，方包走油飞边，火腿炒双蛋，反蛋，茶走！”

茶餐厅是香港电影里的标配，内地游客自由行时，也常想一探究竟。可是哪怕粤语说起来没问题，菜单（如果有的话）上的繁体字也看得懂，可一张口，仍旧十分容易露怯。

香港是一座快节奏的城市，上面那段话，不用简称，就是：“用出前一丁的方便面做沙嗲牛肉面，白面包去掉边皮，不用黄油，里面夹火腿和两个荷包蛋做成三明治，蛋要两面煎，奶茶不要用砂糖和牛奶，而用炼奶。”假如这样说完，伙计记录完，午餐时间大概也就过去一半了。

# 购物天堂

# Shopping Paradise

“你看看对面的大厦，建得乱七八糟，总有一天我要拆掉它重新建过，建成全世界最大的商业城。”

当草根青年实现逆袭，完成最初的梦想——房子车子妻子儿子，虚拟的、金融的、账面上的财富，便多少有些不真实，多少有些了无趣味了。

改变眼前的城市怎么样？从《大时代》到《创世纪》，香港影视剧里的商界巨子们，都将目光投向了改变城市上。现实中的香港又何尝不是如此，那些有钱人们，仿佛玩乐高一般，一块块拼成了购物中心、摩天大楼、千呎豪宅，拼成了我们目力所见的这座璀璨都市。这是一场最好玩的游戏。

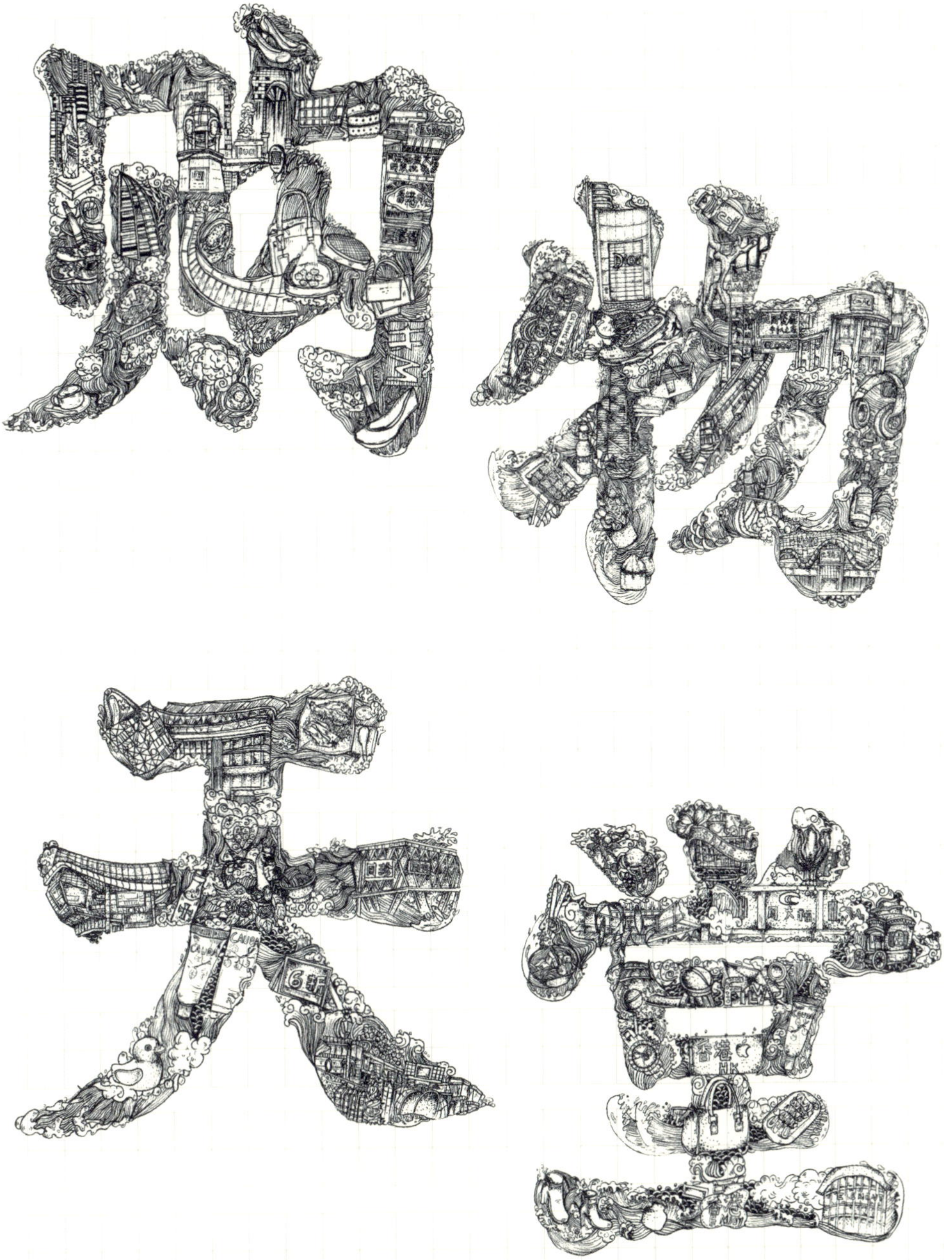
购物
天堂

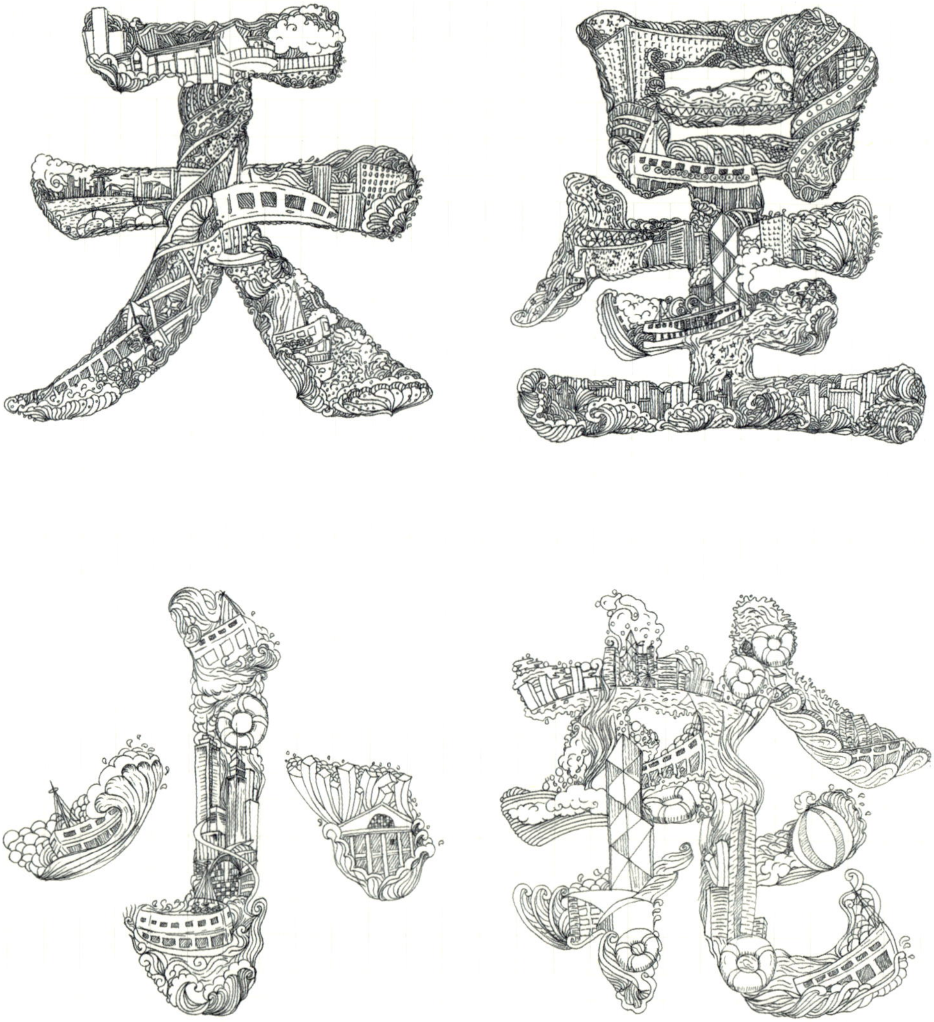
天星
小轮

# 天星小轮

# Star Ferry

“这巨轮，又再一天一天转，我们未可回归到美丽从前，亦有新经典上演。”

香港有时候是泾渭分明的，游客们流连在铜锣湾、金紫荆广场、维多利亚港，普通的香港市民则生活在自己的九龙、荃湾、上环。

只有天星小轮不一样，香港出租车很贵，过海就更不用说。普通市民来往九龙和港岛，两块钱的船票简直良心。而游客们想要饱览香港不一样的海景，天星小轮也是必然之选。

“十年修得同船渡，百年修得共枕眠。”两群人就在这艘小小的船上邂逅共渡，也算有缘了。

# 东方之珠

## Pearl of the Orient

“小河弯弯向南流，流到香江去看一看，东方之珠，我的爱人，你的风采是否浪漫依然。”

随着我们的娱乐生活日益丰富和多元化，很难再有一座城市，会如香港这样，被描摹刻画得这般细致多情了。无论你是否还喜欢眼前这座香港，但记忆中的，我相信是美好的，就请你如我一样，珍藏这份记忆，有时拿出来，缅怀曾经年轻的我们，以及始终不曾褪色的香港。

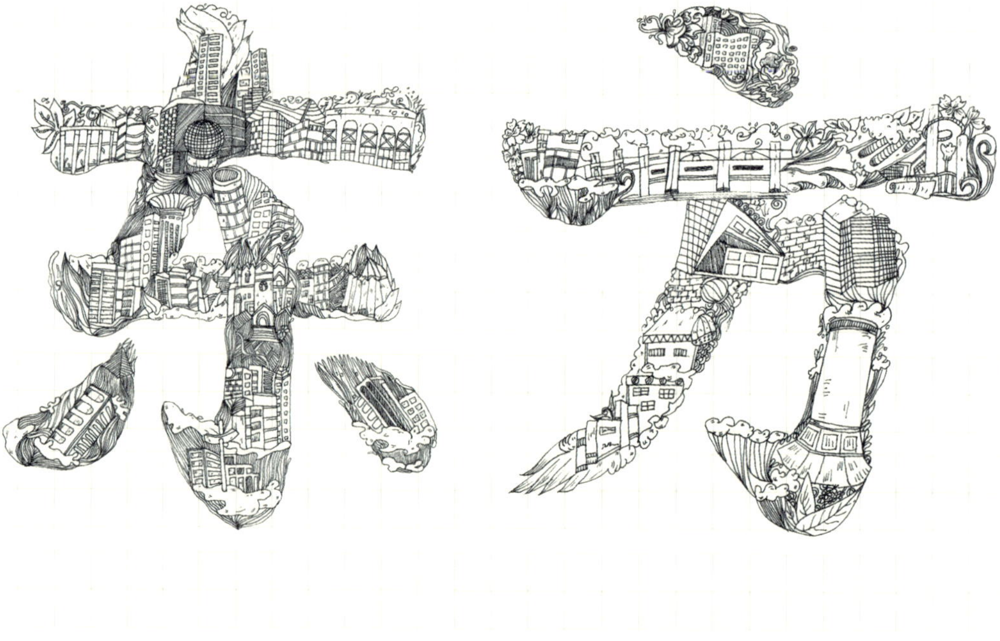

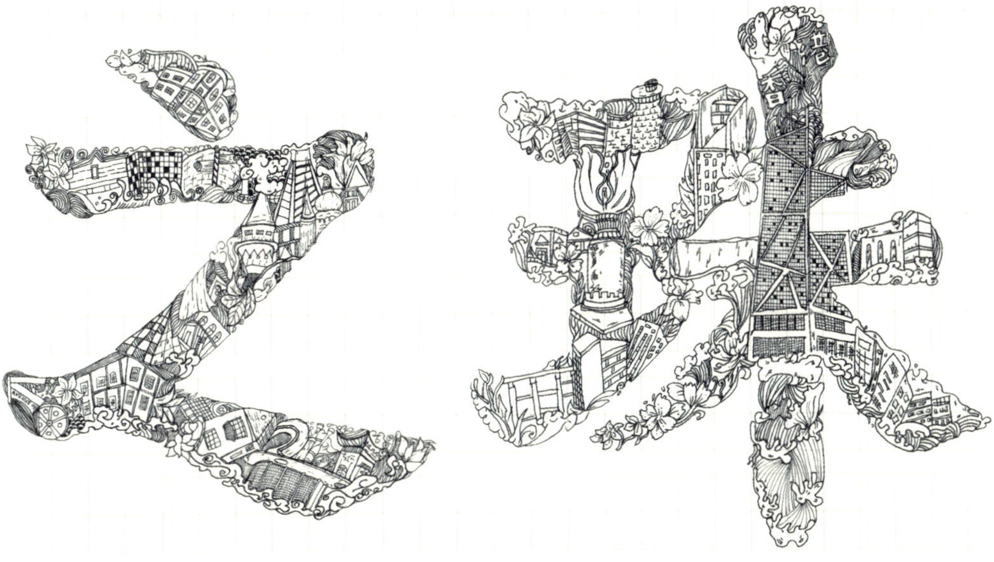

走在香港街头
满脑子思考和憧憬
那个在银幕上、歌声里的香港
是欢笑多于唏嘘的
我们的日常生活

# 我们生活里的香港

我衰咗三年，我等緊個機會，
爭番口氣。
唔係要證明話畀人聽我威，
只係想話畀人聽，
我唔見咗嘅嘢我想自己攞番！
學名係無定向喪心病狂
間歇性全身機能失調症
我係一隻無腳嘅雀仔
中國人
唔係病夫！
做人如果無夢想，
同條鹹魚有咩分別呀？
對唔住
我係差人
有功有功、無功無功、
有功過功、無功敵功

# (jià shì)

# 架势

香港理工大学设计学院

李俊霖

香港電影，作爲華語電影的一部分，是華人文化的一大標記。香港在戰後 50 年代開始形成具規模的電影工業，至 20 世纪 80 年代迎來一段黃金年代，往後作爲大中華地區的一個重要電影基地，被譽爲與美國荷里活、印度波里活、日本東京齊名的全球四大電影製作基地，香港更成爲世界第二大電影出口基地、世界第三大電影製作中心。

香港運動員
唔係垃圾!
定目標、
全力做、
無遺憾!
對手可能天天練習，
如果我練少一天
都可能會輸
香港愈畀人睇死就愈要
有表現，就算今次我贏
唔到，我都要阻住
你出線。

# (jìng chōu)

# 劲揪


香港理工大学设计学院

李俊霖

香港體育乃是香港市民生活中重要的一環。基於歷史原因，香港是較早引進西方現代競技的亞洲地區，其中以足球、籃球、游泳、羽毛球、乒乓球、單車和跑步等爲受市民參與度最高的運動項目。這些年來，香港體育持續發展，於 2009 年順利舉辦第五屆東亞運動會這項大型國際綜合運動會，並且成績美滿。除此之外，香港經常舉辦或協辦重要的國際運動賽事，例如：2008 年夏季奧林匹克運動會馬術項目、香港國際七人欖球賽、渣打香港國際馬拉松比賽、亞洲杯足球賽、東亞足球錦標賽、香港網球精英賽、巴克萊英超亞洲杯及賀歲杯足球賽等等。

一起森巴舞，撥走不滿，發洩發洩你苦悶
誰能避免傷逝傷逝
但離別是否這樣可畏
人皆尋夢
夢裡不分西東
片刻春風得意
未知景物矇矓
舉高隻手，使乜怕醜
熱烈地彈琴
熱烈地唱

(mǎo dé shū

有得输

香港理工大学设计学院

李俊霖

1970 年代中期，粵語流行音樂普及，開拓了香港音樂新的題材，從 1970 年代中後期至 1980 年代初，個人風格強烈且能獨當一面的粵語歌手輩出，配合幕後音樂人才湧現，成就了經典巨星的時代，歌唱派如徐小鳳，唱作型如許冠傑，以至中期冒起的偶像派梅艷芳和張國榮，至今仍擁有跨時代的影響力。踏入 1990 年代，男歌手比較受歡迎。當時，張學友、黎明、劉德華、郭富城被稱爲“四大天王”。同時女歌星如王菲、葉蒨文、林憶蓮、鄭秀文在樂壇亦佔有重要地位。2000 年代，陳奕迅、古巨基、楊千嬅、容祖兒等歌手成爲香港樂壇主力；女子組合亦慢慢復興，如 Twins 等。近年來，新晉唱作人也不少，他們往往集作曲人、作詞人、歌手於一身，如張敬軒。

# 焗

香港理工大学设计学院

李颖康

焗：局促。

# 迫

香港理工大学设计学院

李颖康

迫：挤迫。

# 细

香港理工大学设计学院

李颖康

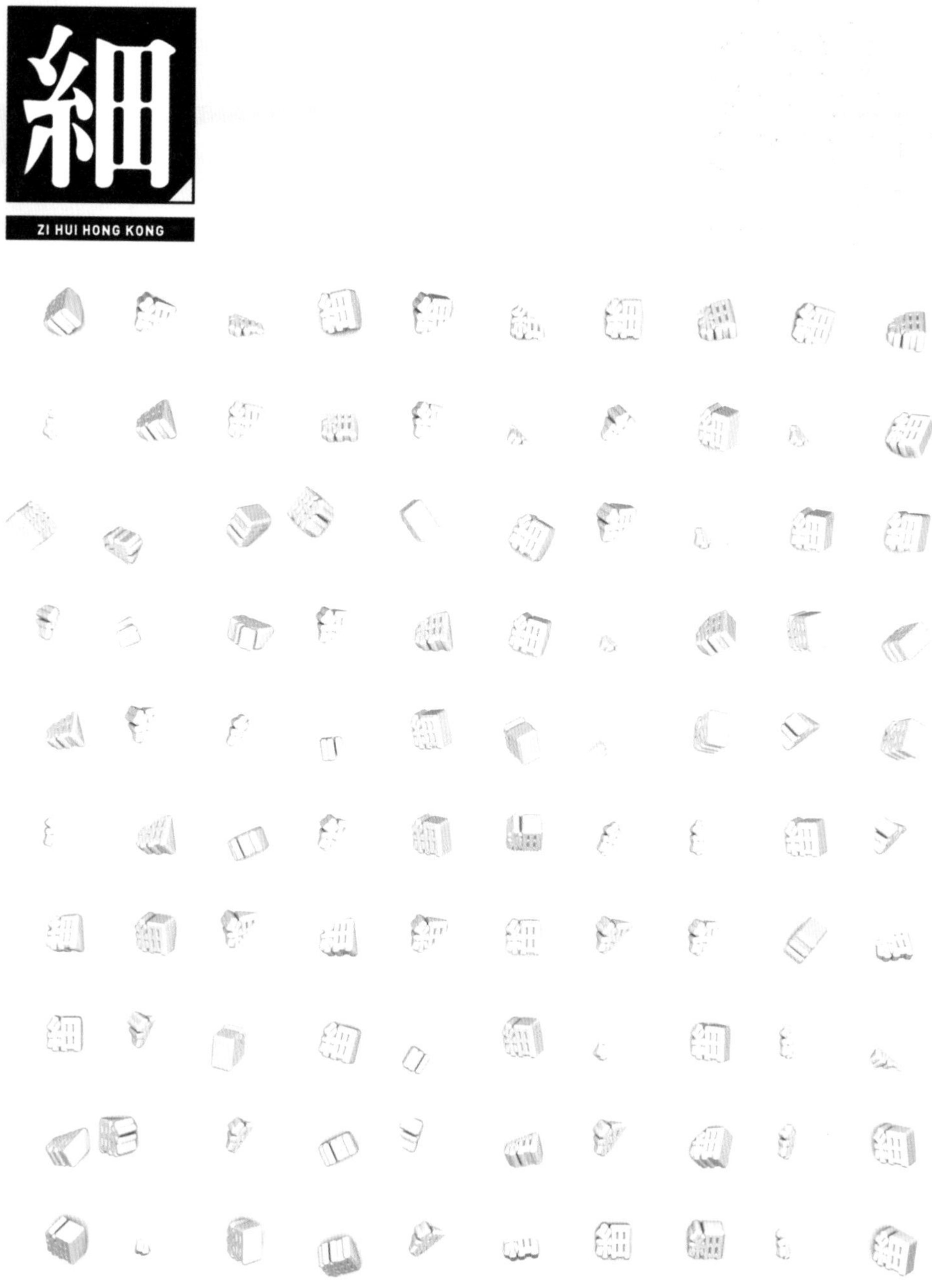


细：细小。

## 搭棚

香港理工大学设计学院
余淑雯

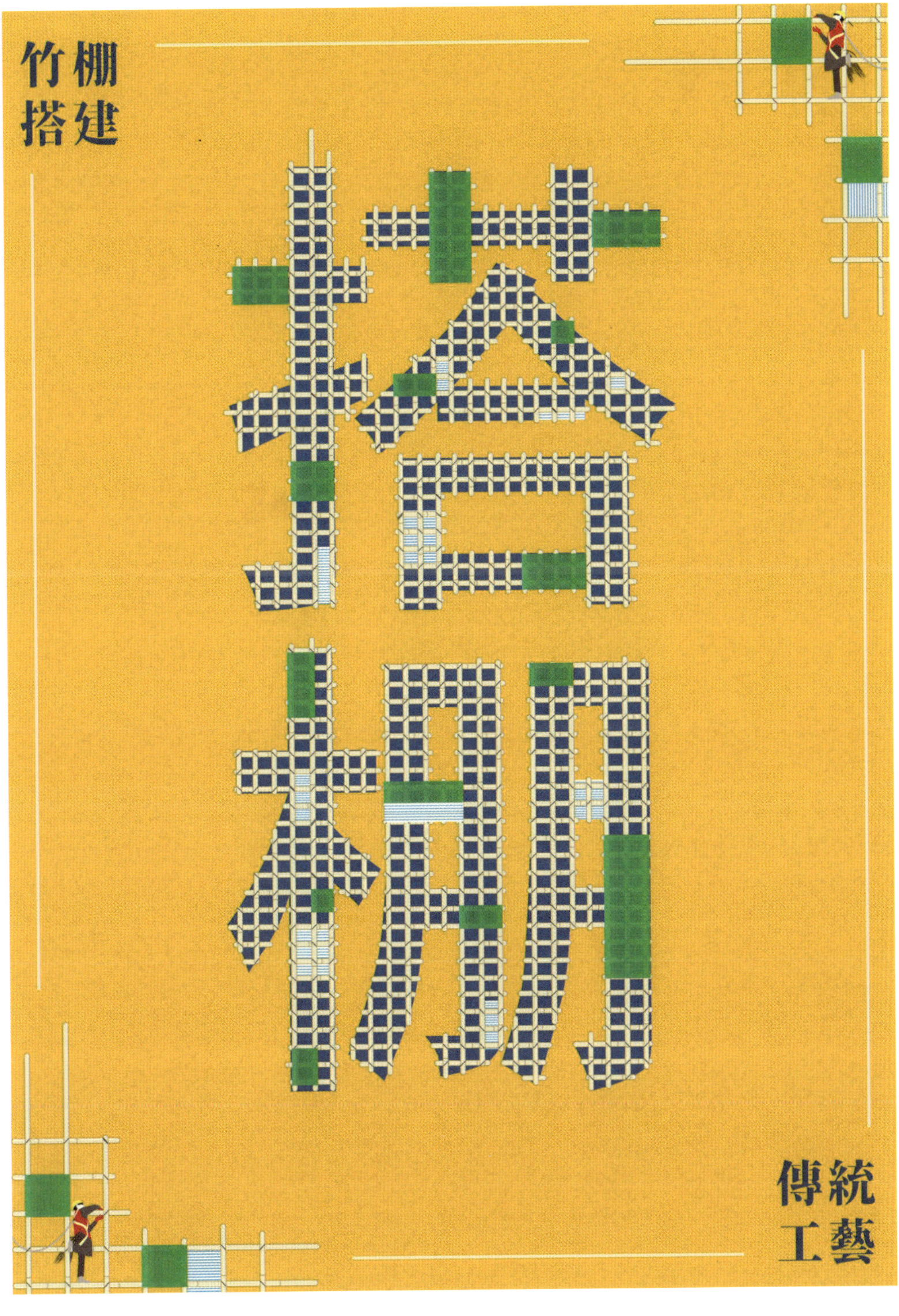

# 唐楼

香港理工大学设计学院

余淑雯

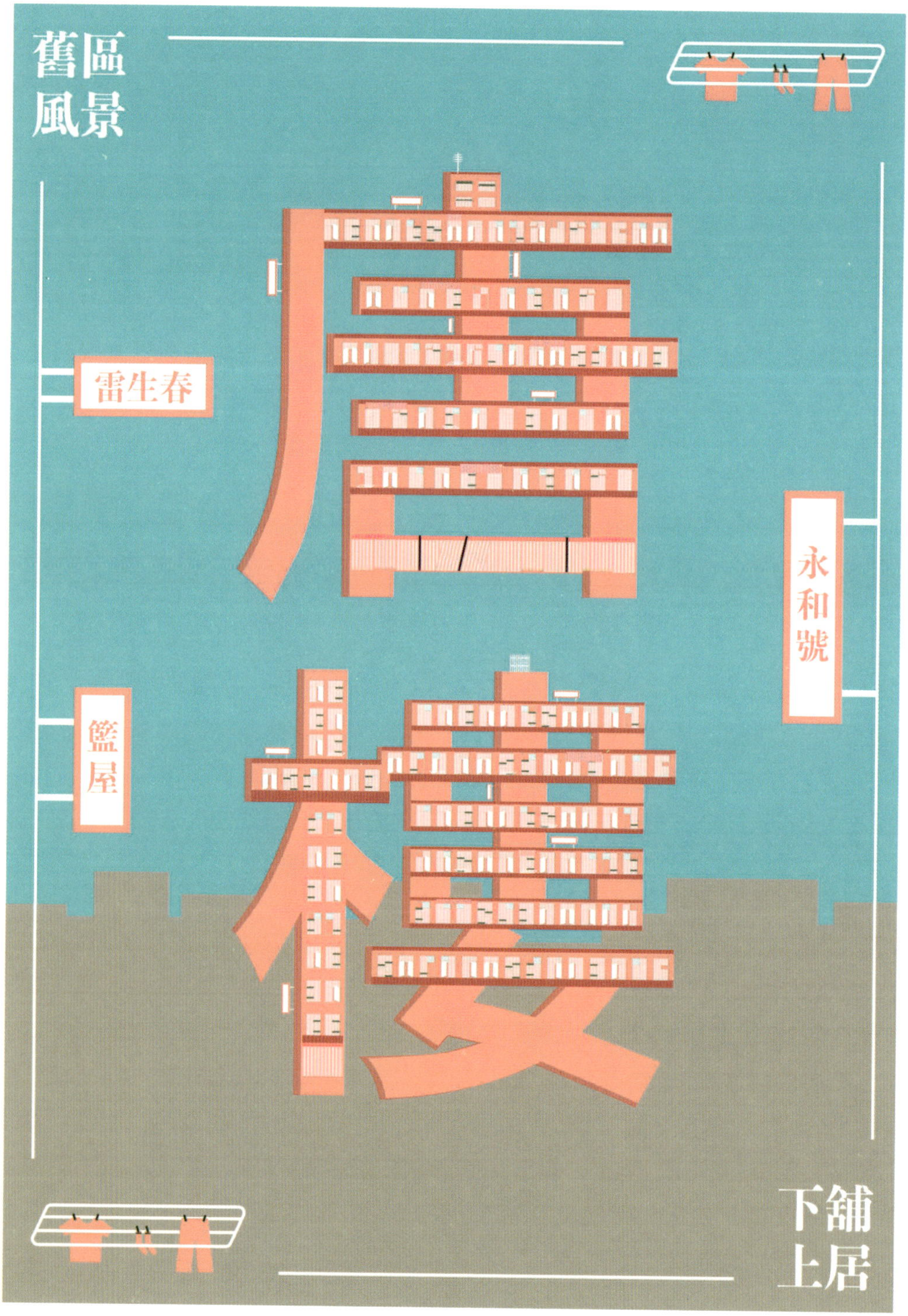

# 电车

香港理工大学设计学院
余淑雯

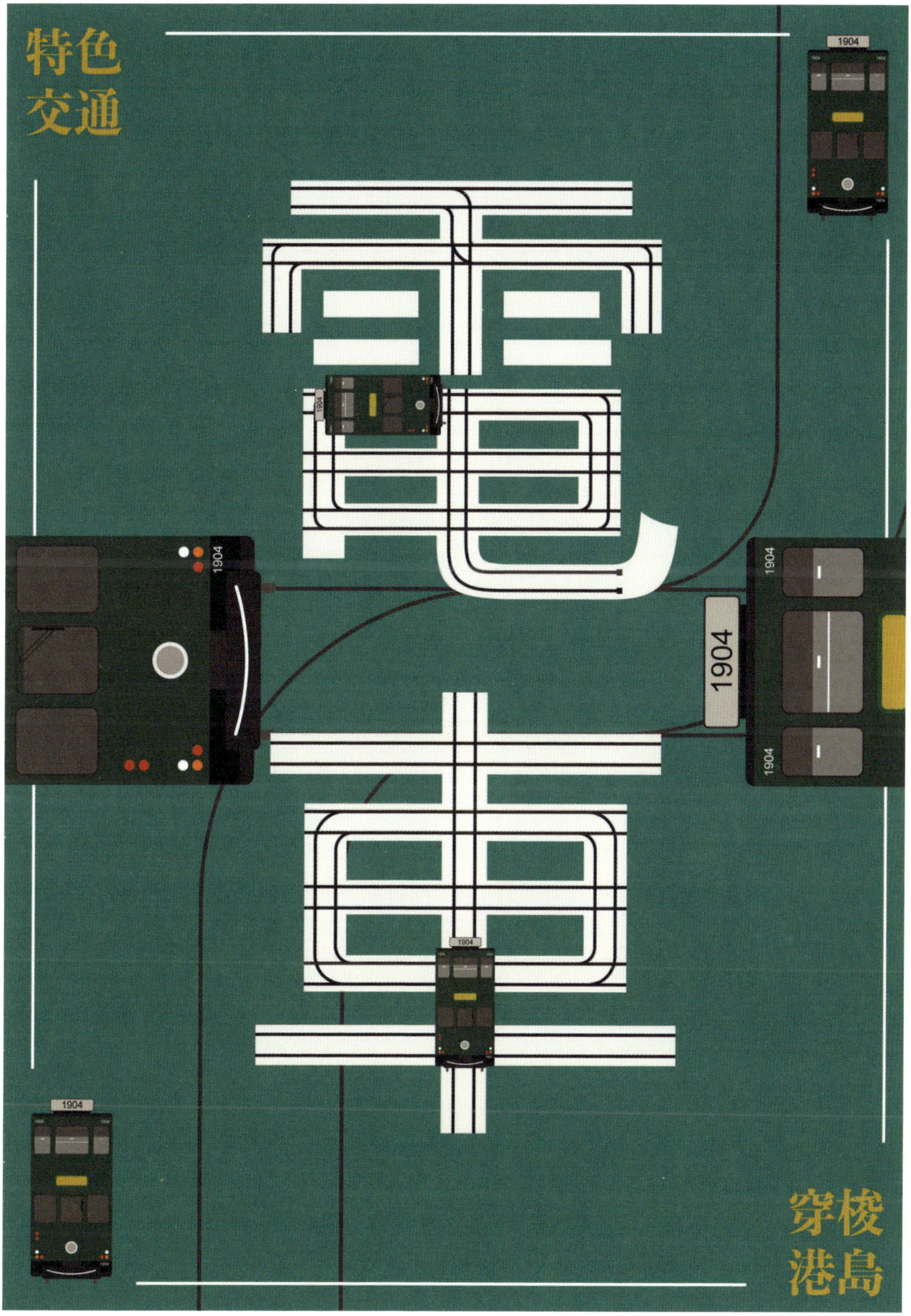

# 香港

香港理工大学设计学院

陈彦霖

# 潺仔强

香港理工大学设计学院

周家慧

# 金毛玲

香港理工大学设计学院

周家慧

# 猪肉荣

香港理工大学设计学院

周家慧

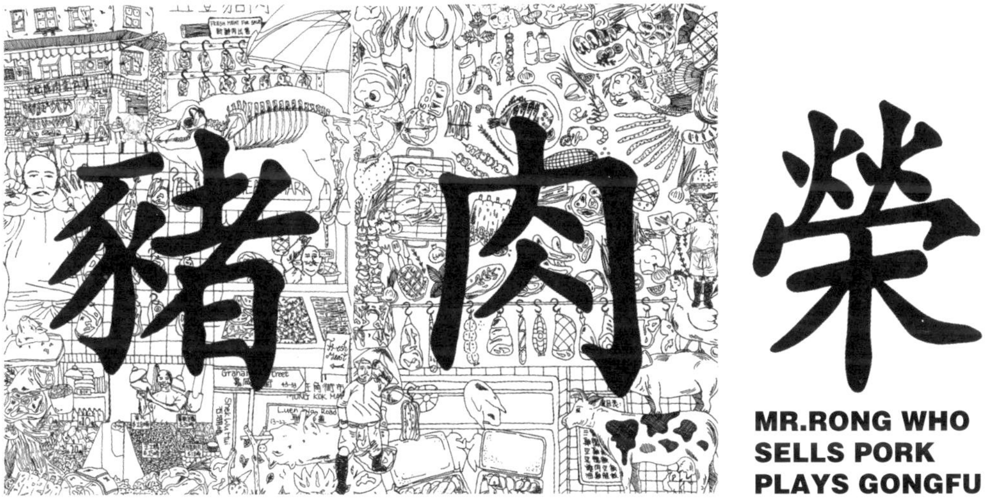

# 冬菇亭

香港浸会大学视觉艺术院

陈卓延

冬菇亭：公共区域的休闲亭，外形像冬菇。

## 乒乓

香港浸会大学视觉艺术院

陈卓延

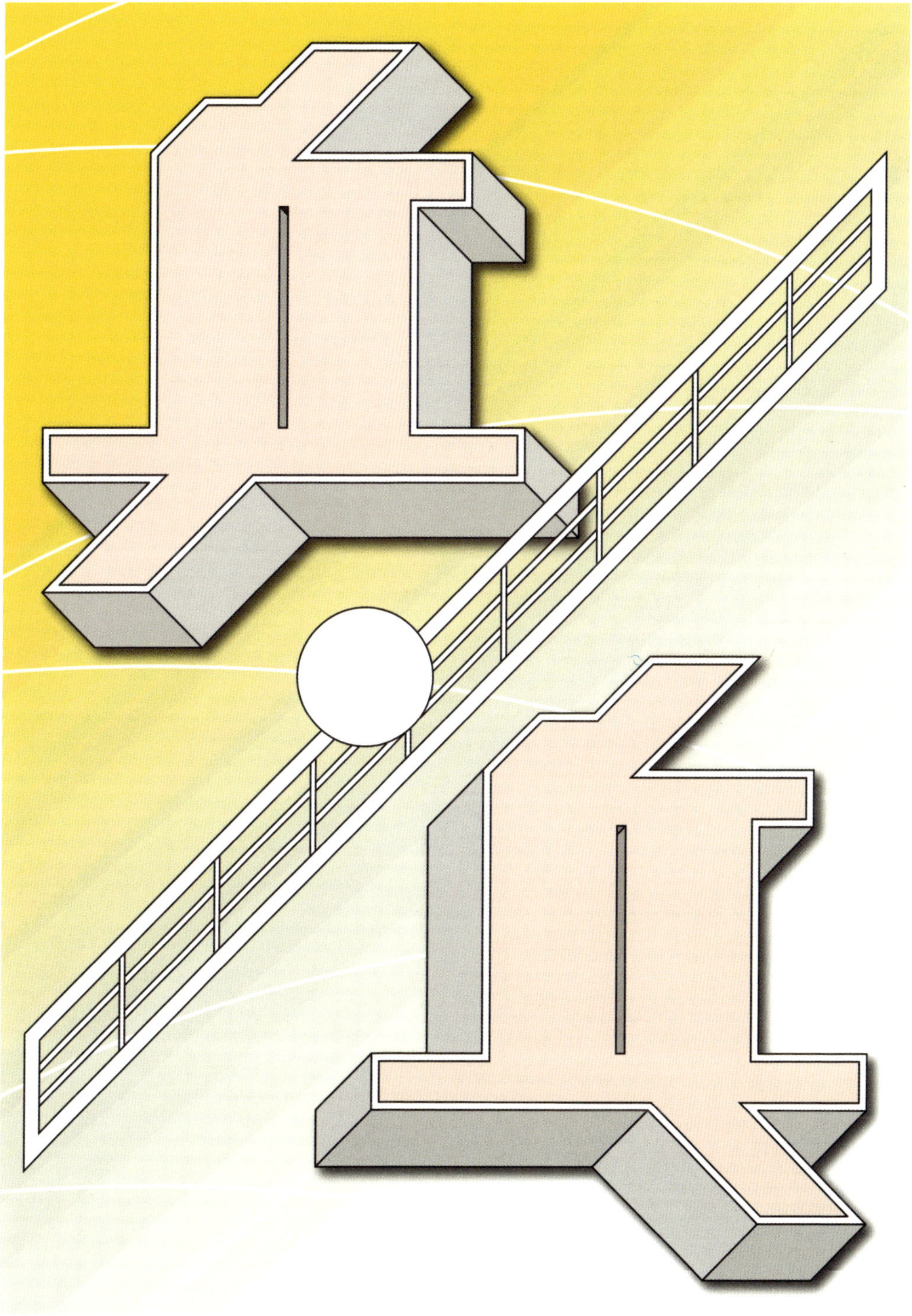

## 游乐场

香港浸会大学视觉艺术院

陈卓延

# 龙咁威

香港浸会大学视觉艺术院
谭文杰

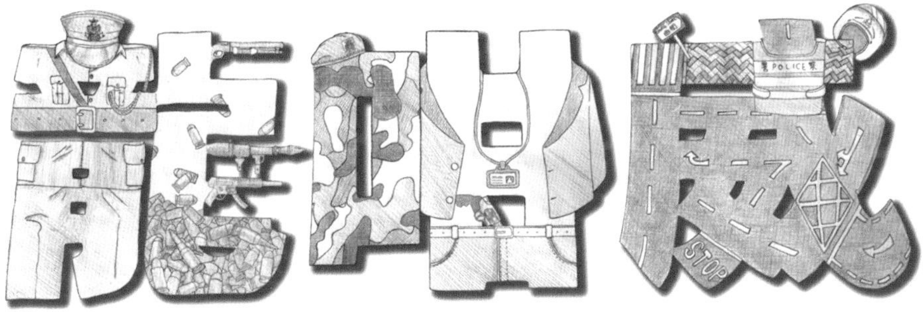

# 半斤八两

香港浸会大学视觉艺术院

谭嘉明

# 欢乐今宵

香港浸会大学视觉艺术院

谭嘉明

# 家有囍事

香港浸会大学视觉艺术院

谭嘉明

# 楼上

香港浸会大学视觉艺术院

邵乐如

楼上：泛指其他住客。

# 电梯

香港浸会大学视觉艺术院

邵乐如

## 桥底

香港浸会大学视觉艺术院

邵乐如

桥底：天桥下，成为香港人聚会约会的公共空间。

## 郊野公园

香港浸会大学视觉艺术院

林嘉辉

## 一起步个阵呀


香港浸会大学视觉艺术院

陈倩琳

一起步个阵呀：香港马术比赛直播时，电视评论员经常用的一句话。

# 碰上杠食

香港浸会大学视觉艺术院

陈倩琳

## 过节金多宝

香港浸会大学视觉艺术院

陈倩琳

过节金多宝：为香港六合彩彩票的一个特别环节。

# 盒仔铺

香港知专设计学院

林东儿

盒仔铺：排档，摊档。

火
水

SIM卡
深化交流
文匯報

# 唔该

香港知专设计学院

李思齐

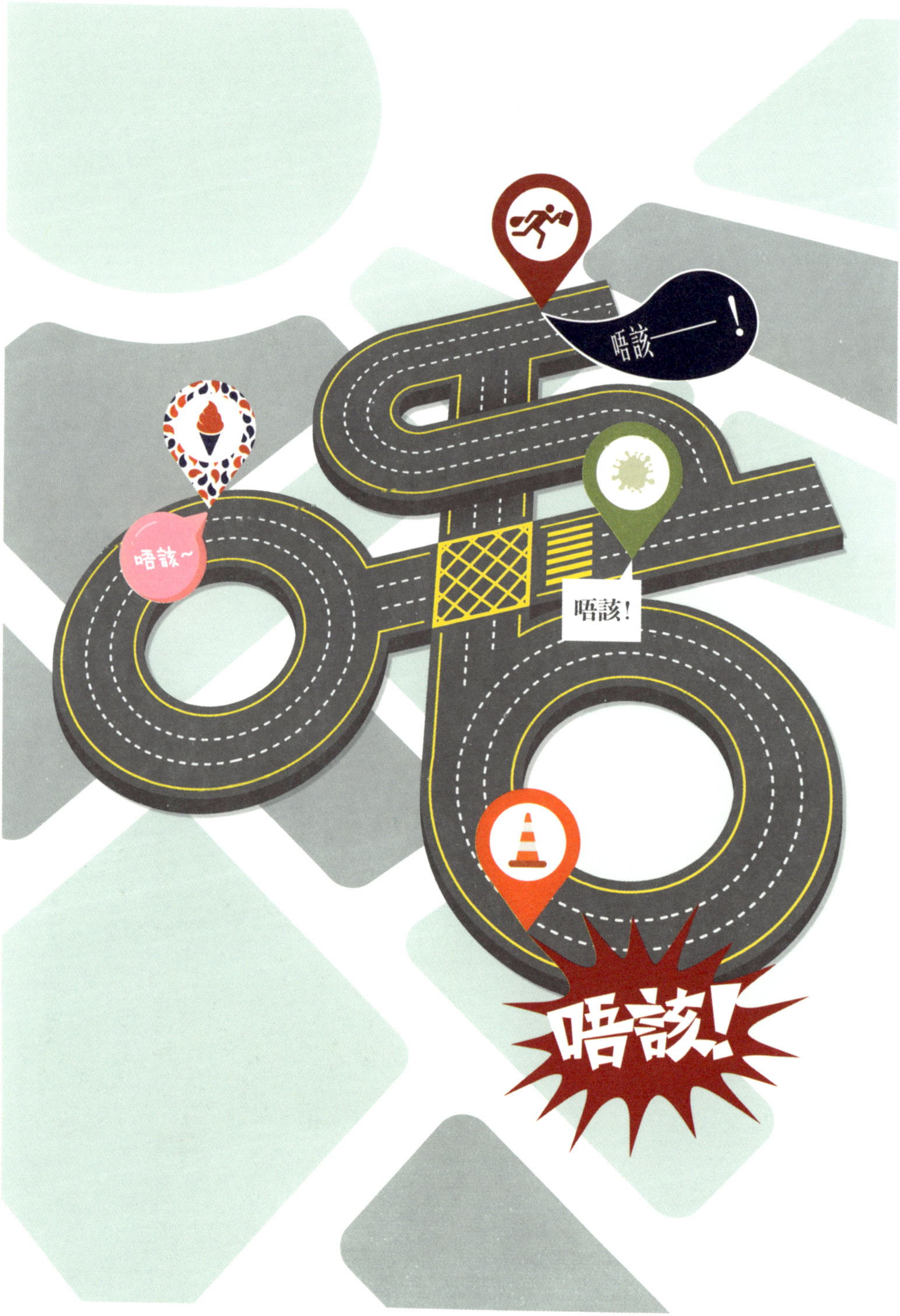


唔该："唔该"是粤语中最常用的礼貌词。在香港，到处都能听到人说"唔该"。

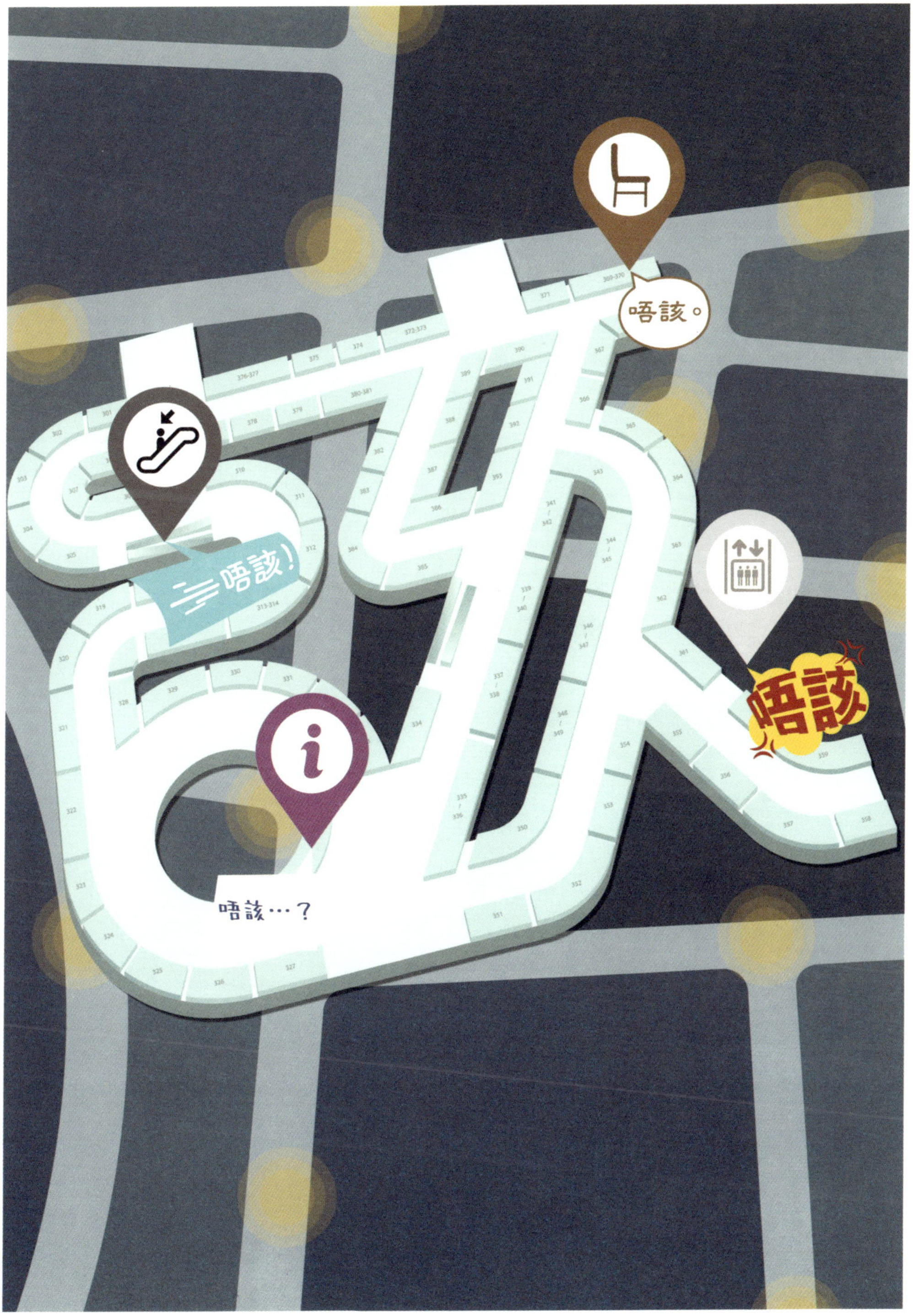
唔該。
唔該！
唔該
唔該…？

# 超迫

香港知专设计学院

孙欣愉

超迫：香港地少人多，拥挤的状况。

欣欣肉品公司
鲜果林

# 无牌

香港知专设计学院

邓宝仪

# 小贩

香港知专设计学院
邓宝仪

# 劲 Chur

香港知专设计学院

刘燕菲

劲 Chur: 在香港的俚语中，“劲”有“很、非常”的意思，而“Chur”则有“催促、焦急”的意思。

# 屏风楼

香港知专设计学院

倪宝妍

屏风楼：数幢连在一起的建筑物，形状如屏风。

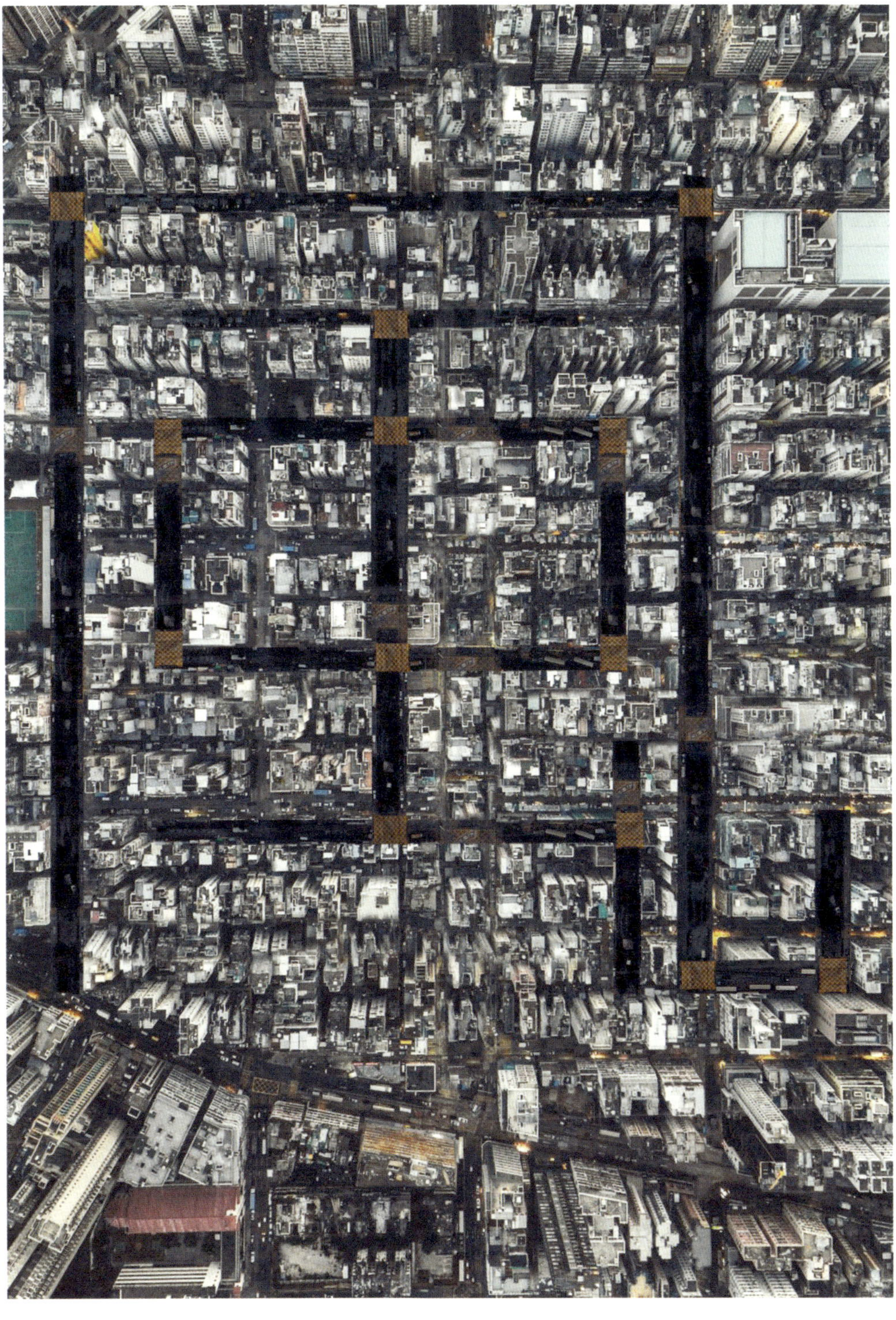

# 火车头

香港知专设计学院

何嘉永

火车头：形容吸烟者一路走一路吸烟，烟雾缭绕如火车头。

香港

# 后记

我们习惯用感官了解身处的世界
老建筑与林立的高楼错落有致
古典与现代是最经典的视觉风景
街头熙熙攘攘的人潮寒暄
抑扬顿挫是最地道的听觉风景
列不完的美食打卡清单
酸甜苦辣是深入五脏六腑的味觉风景

《字绘香港》是一次浸入式的探索
武汉、香港的设计师伙伴
踏出的每一步都有收获
交换彼此的观察和生活感悟
从文字里阅读历史的厚重
从图画里窥见时间对城市的改变
这是滋养文化最美好的方式

以研究的态度绘画
去发现人情、风土、建筑的价值
不写晦涩冗长的文字报告
而是将这些共同的记忆展示出来
帮助我们重新理解和感受生活

在《字绘香港》里
每个笔画的每个痕迹
都在述说有温度的故事

主办单位：
香港设计总会
武汉公园美术馆

承办单位：
武汉工商学院艺术与设计学院
香港理工大学设计学院
香港理工大学 - 香港专上学院
香港知专设计学院
香港浸会大学 - 视觉艺术院
字绘中国（字绘 CN）

战略机构：
视觉中国、艺酷、尖荷网、古田路 9 号、优设网

总顾问：
刘小康　刘君壁　许开强　周洁

著：沈娟 徐郑冰

副主编：
王海文 何轩 李光慧

编委：
黄家昶 朱辰 李婷 金晨晨 贺娟 马双梅 汪伟

指导老师：
蔡志杰 徐僖鲜 刘浩玮
徐郑冰 李光慧 黄家昶

绘制团队：
陈卓延、陈倩琳、林嘉辉、谭嘉明、杜秋燕、李思齐、林东儿、陈东翘、邵乐如、谭文杰、李颖康、余淑雯、陈彦霖、吴颖琪、莫诗君、周家慧、李俊霖、孙欣愉、刘燕飞、陈安翘、倪宝妍、施俊文、邓宝仪、叶咏儿、何嘉永、唐景瑶、谢彩贤、陈凌萱、何兴萍、孔雅琪、孔雅珍、晏铫珧、刘珺颖、金丽、胡韩、张颖、王曼婷、高鑫豪、张萌、李诚、陈罗、柴瑞婷、周雪、肖涵、柯丁红、程慧佳、夏雨欣、曹琼、李雅娜、王天天、陈伟豪、李耀龙、周锡恺、王云燕、张航、夏祖缘、江志意、段琰、陈宇涵、匡朝霞、杜樱豪、张钰晗、李永辉、韦有海、安祥东、贺飞跃、谢晨曦、朱一、江利文、吴依恒、梅运悦